幻の講話

第五巻

新たなる人間の学を

森信三

致知出版社

はしがき

一、この叢書は、もともと一貫した精神によってつらぬかれているゆえ、根本的な調子は、ほぼ似通っているといえましょう。

二、しかしながら、その間、おのずから、巻を追って程度が少しずつ高まるように工夫したつもりです。

三、そしてこの第五巻は、最終巻として一応、高校生を対象としたつもりですが、もとよりそれにこだわる必要はなく、まさに、「真理は万人にむかって開放せられている」はずです。

◎なお原稿の清書については、第一巻いらい、本巻もまた愛媛県の同志丹生谷勉氏のお世話になりました。氏は「森信三全集」（二十五巻）の際にも、その大部分の清書をして下さった方でありまして、ここに改めて深謝の意を表する次第です。

目次

第一講――開講のあいさつ

校長先生が、あまり見かけない珍らしい服装をした方をご案内して講堂にご入場。やがてその方と共に壇上に起たれて、「今ここにお見えになられた方が、かねて皆さん方にお知らせしてあった。名児耶承道先生という方であります。

ひじょうにおリッパな先生ですが、今回わたくしどもの願いをお聞き入れ下さって、これから一年間、皆さん方にお話をして頂けることになりました。おそらく、あなた方の心中に、生涯忘れ得ないものをタネ蒔きして頂けることかと存じます。では、はなはだ簡単ながら、一言ご紹介までに、――」と言って、壇を下りられるや、名児耶先生が代わって、

「わたくしは、唯今校長先生からご紹介頂いた名児耶承道と申す者であります。この度不思議なご縁によって、皆さん方に一年間、お話を申すことになりました。そこで、詳しい事柄は、順次、回の重なると共に、申して参るつもりですが、ただ、最初にあらかじめ一つ、ご了解を頂いておきたいと思うことがあります。それは、わたくしの永年のくせですが、講話を始める前に、わたくしが日ごろ尊敬している卓れた方のコトバや詩歌の一端をかかげ、それに対して、簡単な解説をするということであります。これまでの処では、最初芭蕉や一茶の俳句から始め、坂村真民というわたくしとごく親しい間柄の詩人の詩、ついでは漂泊の俳人山頭火の俳句、ついで八木重吉の詩や、道元・親鸞・良寛などについても、触れて来ましたが、今回は、前半は、わたくしの最も深く尊敬している二宮

尊徳、後半は、ガンジーに触れてみたいと思います。

そのうち二宮尊徳については、すでに（第四巻）その一生のあらましについてはご紹介いたしましたが、しかし翁自身のコトバによって、その思想内容の説明をするのは、今回が初めてであります。尊徳は明治維新前に生まれた日本人の中では、最もすぐれた人ですから、おそらく皆さん方も、学ぶところが多かろうかと思います。

いわんやガンジーに至っては、現在のわたくしの考えでは、全人類は、将来必ずやこの超凡の偉人に学ばねばならぬ日が来るだろうと、深く信じて疑わないのであります。そしてそれは、一口で申せば、宗教と政治とが、これほど深く一人の人格の上に融《と》け合った点で、ガンジーほどの偉人は、わたくしはないと信じているからであります」と静かに、しかも熱情をこめて語られた。

さて、以上で「前置き」を了《お》わることにいたしますが、わたくしは校長先生との不思議なご縁によりまして、過去四年間、この学校の生徒さん方に、ほぼ毎週一回のわり合いでお話をして参ったのであります。随って、今年で五年目になるわけでありまして、そぞろに感慨なきを得ないのであります。と申しますのも、わたくしのように、この学校の正式な職員でもないものに、五年間という永い年月の間、皆さん方に対してお話をする機会を、お与え頂いたという例は、世間的に見ましても、まったく珍しいケースでありまして、そうざらにある事柄ではないからであります。

では、一体どうしてこのような事になったかと申しますと、もちろん校長先生の深いご理解によることは、申すまでもないことですが、しかしそこには更に、わたくしの先師の有間香玄幽先生という方に対して、校長先生がひじょうに深い敬意をお持ちだったからであります。もっとも、その有間香玄幽先生という方は、その晩年はまったく世間から隠れた一種の「隠者」でしたから、御校の校長先生も直接その教えをうけられたというわけではないようであります。しかし先師が世を去られてから、その偉大さがしだいに心ある人々によって、人から人へと語りつがれて、そのうちいつしか、校長先生のお耳にも入ったということでしょう。

では、校長先生とわたくしとのご縁は一体どうして結ばれたかと申しますと、それはわたくし自身が、実はその卓れた隠者有間香玄幽先生に、少数の同志と共に、その教えを戴いた一人だからであります。同時に、先師が亡くなられましてからは、ご生前先師とある程度ご縁のあった方々との間に、一種の連絡用として、ささやかな一人雑誌を発行しておりますので、そこからして、しぜんにご縁が生まれたというわけであります。ですから、御校の校長先生とわたくしとのご縁も、ひとえに先師のご精神によるといってよいのであります。

それにしてもわたくしは、先師のように卓れた方は、ひとつの時代に、そう大ぜいは出られない方だと思うのであります。では一体、どういう点がお偉かったかと申しますと、それはわたくしの考えでは、あれほど人間の生き方について、真剣に取り組まれ追求せられた方は、ちょっと他には見出されないのではないかと思うのであります。しかし先師については、以前にもすでに申したことがありますし、また、わたくし自身の書きました「隠者の幻」というものをご覧いただけば、先師がいかに卓れた方であったかということは、どなたにもお分かり戴けることですから、ここでは一おう省《はぶ》かせていただくことにいたします。なお、その「隠者の幻」という書物は、結局、どうしてわたくしが、先師のような方とめぐり会い、そのお導きを戴くようになったか、ということのあらましを記したものであります。

そこで、先師とのご縁については、この程度にいたしまして、では先師という方の根本信念というべきものは、一体どういうものだったかと申しますと、それは一口に申せば、「人生二度なし」という一語に尽きるといってよいでしょう。こう申しますと、皆さん方の中には、「なんだ!! その程度のことなら、だれにだって分かり切ったことで、何もわざわざ取り立てて言うまでもないことではないか」と、思われる方が大方ではないかと思います。同時に、そうした推察のできるのも、実はわたくし自身も、皆さん方の年ごろには、今申したような考え方をしていたからであります。否、それどころか、この「人生二度なし」ということほど自明な、分かり切った真理はないと考えていたのであります。

ところが如何でしょう。先師にお目にかかって、そのお話を聴くようになりますと、今まで分かり切ったことだと考えていた自分が、実際には、このような大問題についても、何ら真剣に考えてはいなかったことが、次第に分かって来たのであります。同時にそれは、ひとりわたくしだけではなくて、わたくしの知っている範囲で、そうとうに真面目でかつ真剣に、この人生を生きていると思われている人びとでさえ、この人生における最大最深の根本真理に対して、ほとんどウカツといってよい人が、如何に多いかということが、しだいに分かって来たのであります。

それにしても、先師有間香玄幽先生という方は、まったく不思議な方でありまして、先生と相対していますと、別にこれというほどのお話など承らなくても、唯じっと向かいあっているだけで、いわば先師のお躰《からだ》から放射される「見えない光」とでもいうべきものが、わたくしの心の中へ津々《しんしん》と沁みこんでくるような感じがするのであります。そしていつしか自分も、この「人生二度なし」という人生の根本真理について、考えずにはいられなくなったのであります。同時にこれは、何もわたくし一人がそうだったばかりでなくて、少人数ながら、先師の晩年に教えを受けた人びとは、期せずしていずれも同様の感じを抱いていたようであります。

こう申しますと、わかい皆さん方は、さぞかし不思議に感じられることでしょう。「そんな不思議なことって、実際にあるものだろうか」と、不思議に思われることでしょう。そして「われわれは、直接お説教を聞いたって、なかなかそういう気になれないのに、いわんや大して物もおっしゃらないうちから、そういうことを周囲の人びとが感じるなんて、そんな不思議なことが、果たしてあるだろうか」と、皆さん方が不思議に考えられるのも、ムリからぬことだと思います。わたくしだって、先師有間香玄幽先生にお目にかかるまでは、皆さん方と違わぬような考え方をしていたのですから――。

では、一歩をすすめて、そのような不思議なことが、一体どうして可能なのでしょうか。それについて、わたくしの申せることは、先師ご自身、お口に出してはそれほどおっしゃられなかったにしても、平素このことを、つねにその心中深くお考えになっていられたからでしょう。そしてそのために、そうした先師の心中の念《おも》いが、いわば念波みたいに、しだいに周囲の人びとに伝わったかと思われるのであります。すなわち直接には、あまりおっしゃられなくても、それは一種の見えない波紋を描いて、人びとの心の中に沁みこんでいったわけであります。

もっとも、こうは言いましても、それは先師がこの点について、平素全然おっしゃらなかったというわけではありません。それどころか、先師の教えられた事柄は、根本的にはすべてこの一事から発していたといってもよいでしょう。ですから、一見、如何にささやかな事柄についてお話になられましても、結局その根本は、つねにこの「人生二度なし」という絶対の真理から出ていると共に、すべては又この一点に帰したと申してよいのであります。同時に、これによってもお分かりのように、先師という方は、いわゆる一般論というものは、あまり好まれない方でした。ですから、比較的お近くにいたわたくしどもさえ、一般的な「人生論」というようなお話をお聞きしたことは、ほとんど無かったと言ってよいほどです。先師の重んじられた人生の真理は、つねにこの「人生二度なし」という言葉が示すように、根本的であると同時に、あくまで具体的実際的であり、そして現実的だったのであります。

では一歩をすすめて、この「人生二度なし」という根本真理は、一体どのような意義を持っているといえるでしょうか。今この点について、端的に申すとすれば、もし人あって、このような人生の根本真理が、ある程度分かりかけたとしたら、その人はこの人生に対して、もはやいつまでもウカウカしてはいられなくなるはずであります。何となれば、もしこの人生というものが、二度とくり返すことの出来ないものだということが本当に分かり出したら、それまでウカツに過ごしてきた一日一日が、心の底からふかく悔やまれてならなくなるはずだからであります。そして、「自分ともあろう者が、一体どうしてこれまで、こんなにウカツに日を過ごしてきたのだろうか」と、われとわが身の愚かさに堪えられなくなるはずであります。

それと申しますのも、われわれ人間にとっては、一日生きればそれだけ、この世の生命は短くなるわけだからであります。皆さん方は、あの一休和尚が、正月元日でみんなが目出度がっている時に、骸骨《がいこつ》を杖の先に突きさして、「元日や冥途《めいど》の旅の一里塚目出度くもあり目出度くもなし」という自作の和歌を唱えながら、街中を歩いたという話を聞いたことがおありですか。わたくしなども、若いころはこの話を聞いても、ただ何という奇抜な風変りな和尚だろう——くらいにしか思わなかったのであります。しかし、今や四十の坂を一つ二つ越した現在では、何ともいえず身に沁みて感じられるのであります。そしてそれは、人びとは元日だなどと言って喜んでいるが、実際は、一日分だけ冥途への距離が短くなったわけだからであります。

このように考えてきますと、この「人生二度なし」という真理ほど、われわれ人間を、人生の深刻さに目覚めさす真理は、他には絶無といってよいでしょう。しかもこの真理のもつ今一つの長所は、それが何人にも分かりやすいということであります。それというのも、ちょっと聞いただけでは、どういう意味か、すぐには分かりかねるような真理も、時に無いわけではないからです。たとえば「万象ことごとく真理の顕現ならざるなし」という真理などは、多少その説明を聞かなければ、あなた方にはピンとこないでしょう。ところが、この「人生二度なし」という真理になりますと、それとは違って、一おうの意味なら、だれひとり分からぬ人はないはずだからであります。

ところが、物事というものは、つねに一長一短でありまして、そんなに分かり易いということが、実は他の半面からは、案外分かりにくいということにもなるのであります。ではどういうことかと申しますと、それはつね平生この真理を、いつもわが心に忘れぬようにしているということは、かえって大変むつかしいのであります。それというのも、人間というものは、つねに人生の終末を見通して、そこからひるがえって、日々の生活を充実して生きるということは、非常に困難なことだからであります。

それゆえ、今後三十回ほど、わたくしが皆さん方に対してお話する内容は、結局はこの問題を中心としつつ、それと関係のある種々の問題について、皆さん方と一しょに、考えて行きたいと思うのであります。

では本日は、以上をもって開講のごあいさつに代えさせて頂きます。

第二講――万人が自己の哲学を

道服姿の名児耶先生は、校長先生のご案内でご入場になり、やがて登壇。一礼の後、今日のテーマをお書きになられた。そしてわれわれに、あらかじめ配られている二宮尊徳の、次のような一文をお読みになられたが、その朗々たる読みぶりには、一同がスッカリ魅了せられた。

(一) まことの道は天地の経文を読みて知るべし

翁曰く、それ真《まこと》の道は、学ばずしておのずから知り、習わずしておのずから覚え、書籍もなく記録もなく師匠もなく、而《しこう》して人々自得して忘れず、これぞ誠の道の本体なる。渇して飲み、飢えて食い、労《つか》れていね、覚めて起く、みな此の類なり。古歌に「水鳥のゆくもかえるも跡たえて、されども道は忘れざりけり」といえるが如し。

それ記録もなく書籍もなく、学ばず習わずして、明らかなる道にあらざれば、誠の道にあらざるなり。それ我が教えは書籍を尊まず。故に天地をもって経文とす。予が歌に「音もなく香《か》もなく常に天地《あめつち》は書かざる経をくりかえしつつ」とよめり。此《か》くのごとく日々繰り返して示さるる天地の経文に、誠の道は明らかなり。かかる尊き天地の経文を外《ほか》にして、書籍の上に道を求むる学者輩《はい》の論説は取らざるなり。

二宮尊徳は、ふつうには偉大な実践者・行動人として知られていますが、しかしそのような偉大な実践力・行動力の根源には、それに勝るとも劣らない偉大な思想・信念があったのであります。そしてそれは、今日のコトバで申せば、偉大なる世界観・人生観を持っていたというわけであります。随って、また尊徳翁は哲人ないし哲人的思想家としても、実に卓越した巨人でありまして、唯今《ただいま》わたくしが読みましたのも、短いながらそのような翁の学問観の根本態度が、実にハッキリと打ち出されているのであります。

一つ一つのコトバの意味は、一おうはお解かりかと思いますので、その根本眼目をここに一言で申してみますと、そもそも根本真理というものは、天地大宇宙を貫く宇宙の大法であって、書物などに文字で書かれているのは、実は生きた根本真理その物ではなくて、その影というかイメージに過ぎない。しかるにふつう世間の学者たちは、そうした生きた真理の抜け殻みたいな書物の中に、真理があると錯覚しているが、これは大きな誤りである――と言っていられるのでありまして、わたくしなどから考えますと、言々句々全くこの通りだと思うのであります。なおこの中に、「天地の経文」というコトバがありますが、要するにこれは、大宇宙間の万象は、一々真理を宿している活文字だというほどの意味であります。

さて前回は、開講のごあいさつとして、一体どうしてわたくしが、このように御校へうかがい、さらに皆さん方にお話するようになったのか、そのようなご縁について知って頂くために、わたくしの先師有間香玄幽先生のことから、さらには先師の人生に対する根本信条である「人生二度なし」という真理についても、多少申し上げた次第であります。同時にその際にも申したことですが、実際この「人生二度なし」という真理ほど、何人にも分かりやすいコトバでありながら、しかもこれほど広大で、かつ切実な真理は、他には無いのではないかということについても、多少申し上げたかと思うのであります。

そこで、前回にも申したように、今後三十回ほど、皆さん方に対してするわたくしの話も、その根本をつらぬくものは、結局この「人生二度なし」という、唯一つの根本真理の説明であり、そのふえんだと言ってもよいわけであります。しかしながら、このように申したら、皆さん方の多くの方は、「人生二度なし」などということは、一度聞きさえすれば、もうそれだけで十分で、同じことをそんなにいつまでも聞く必要はなかろうに——と思われることでしょう。皆さん方がそう思われるのも、一おうムリはないと思います。そこで、ひとつお尋ねいたしますが、では、どうしてそんなに分かり切ったことでありながら、われわれ人間はこの人生の根本真理を、いつも忘れずにいることができないのでしょうか。問題はある意味では、この一点にあるといってもよいでしょう。

ところが、他の真理の場合はとにかく、この「人生二度なし」という真理だけは、どうしても常にわたくしたちの心中に生きて、消えないようにする必要があるのであります。それというのも、もしこの真理が、つねにわたくしたちの心の中に生きていたら、わたくしたちの日々の生活は、充実したものにならずにはいられないはずであります。否、もしもわたくしたちが、この真理を一日に幾たびも想い出すことが出来るようでしたら、わたくしたちの日々の生活は、もうそれだけで充実したものになるといえましょう。

そこからして、問題は次のようになりましょう。それは、われわれがこの「人生二度なし」という、一見したところ、分かり切ったようなこの真理を、つねに心中深く捉《とら》えていないのは、わたくしたちの考えなり、またその生活の上に、何か一つ大事なものが欠けているからではないでしょうか。同時に、このように考えて来ますと、如何にもとうなずけるものがあるのであります。と申しますのも、わたくしたちは、この「人生二度なし」という真理を支えているものが、実際にはどういうものかということも知らなければ、また先師有間香玄幽先生は、一体どういう心の歩みのはてに、ついにこのような人生の根本真理に到達せられたのか――等々ということなど、何ひとつわたくしたちには分かっていないわけであります。ですから、それは今物にたとえたら、お百姓から美事な梨を見せてもらっても、ただ美事だと思うだけで、どうしたら自分もそのような美事な梨がつくれるだろうか、と考えないお百姓にも似ているといえましょう。つまりこの「人生二度なし」という人生の根本真理は、先師の場合には、先師が独力で、この宇宙と人生に関するあらゆる真理を研究され、それらを消化し尽くしたあげくのはて、ついに到達せられたのでありまして、先師にとっては、一切の真理の最大の結晶体といってもよいわけであります。

そこで、以上述べたことからして、わたくしたちもお互い一人びとりが、それぞれ独力で、この「人生二度なし」という真理に対して、その人なりの結論に達しなければならぬと思うのであります。それというのも、すべて他人《ひと》から聞いているだけでは、真に自分のものにはならぬからであります。いわんや、自分の生きる原動力などには、なるはずがないのであります。そこでまた、こういうことも言えましょう。わたくしが度たび申したように、「人生二度なし」などということは、一度聞きさえすれば、だれでもすぐに分かる事柄であって、何度も聞く必要などないという人ほど、実はこの真理が分かっていないということであります。いわんや身についてなどいるはずはないのであります。そして人から聞かされた時にだけ、「そんなことは分かり切ったことさ」と言って、いっこう嚙みしめてみようとしない人だといってよいでしょう。随ってこの真理も他の真理と同じく、否、この真理こそは、一切の真理にまさって、自分自身で苦心し、自分なりに心を砕いてみたあげくのはてに、すべてのことがこの一点に集中して、ついには自分にとって、生きるための最大の原動力にならねばならぬわけであります。

　そこで、以上わたくしの申したいことは、これを一口に煮つめて申しますと、「人はそれぞれ自分の哲学を持つべきだ」と言ってもよいのであります。そしてそうでなければ、この「人生二度なし」という人生の根本真理も、たとえ幾たび他人《ひと》から聞かされても、つねにその場限りで消え去って、あとはケロリと忘れてゆくこと、あたかも昔の人が、「まるでザルに水を注ぐようなものだ」と言ったように、はかないなどという以上に、まことにたわいないことになってしまうのであります。

　ところが、それに対してわたくしが、唯今申したのは、「人間はそれぞれ自分の哲学を持っていなければならぬ」ということでしたが、こういうとまた皆さん方は、「しかし一人びとりの人間が、みんな人間の哲学を持つなんて、そんなむずかしいことは出来っこない」と思われることでしょう。もっとも皆さん方が、そのように思われるのは、わたくしにも分からぬわけではありません。何となれば、これまでの常識では、哲学は、この宇宙・人生の根本真理を究める学問であって、すべての学問の中でも、最もむずかしい学問だということになっているからであります。同時に、哲学というものが、一般にそのように考えられて来たことは、またそれだけの理由がないわけではありません。何となれば、すべて物事が存在したり生じたりするには、必ずやそれだけの理由というか、原因なくしてはあり得ないことだからであります。そこで、これまで哲学というものが、すべての学問の中でも、最も難解にして、かつ困難な学問だとせられてきたことについては、もちろんそれだけの理由あってのことであります。ではそれは一体何ゆえでしょうか。

古来、哲学という学問は、どうしてそんなに難解な学問とせられて来たかというと、それはおそらく、次のような理由によるのでしょう。というのも、哲学という学問がねらっているのは、先にも申すように、この大宇宙と人間の関係だといってよいでしょう。しかるに、それについて考えようとする人間そのものもまた人間であります。ところが、その人間というもの自体が、実は自分の意志と力によって、この地上に生まれて来たのではないのでありまして、結局、大宇宙というか、これを内から申せば、絶大な宇宙生命によって、この地上にその生を与えられたわけであります。そこで、このように考えて来ますと、われわれ人間は、元来自分自身の事だけでも、根本的にはよくは分かっていないというのが正直なところであり、またそれが当然ではないでしょうか。それというのもわれわれ人間は、唯今も申すように、自分自身の意志と力によって、この地上に出現したものではないからであります。随って、そういうわれわれには、実は人間そのものについてさえ、ほんとうの事は分からないはずであります。いわんや、われわれ人間をはじめ、一切の天体を生み出し、かつそれらの一切を統一し、その上それらを運行させて、一瞬といえども留まることのない大宇宙の真相など、われわれ人間の限りある知力で、分かるはずがないともいえるわけであります。

ところが、古来西洋において哲学と呼ばれてきた学問は、このような宇宙人生の根本問題を、学問的に究明しようとしてきたのであります。つまり端的に申せば、もともと分かるはずのない事柄を、しかも学問的に――ということは理論的にということですが――ハッキリさせようとする努力でありまして、その困難なことは、じつは最初からハッキリしているとも言えるのであります。しかしそうでありながら、どうしてもそれが諦《あきら》め切れぬところに、実は西洋人種というものの特有な性格があると思うのであります。そして、西洋の哲学史が示しているように、ソクラテス以来二千年という永い年月の間、しかも聡明な人々がこれと取り組みながら、いっこう結論というものに到達していないことによっても、この点は明らかでしょう。

ところが、この辺でひとつ方向を変えて、われわれ東洋人の世界を考えてみますと、われわれ東洋の世界では、宇宙人生の真相に対しては、これを直観というか直覚というものによって、われわれ人間の根底は、そのまま大宇宙の根本生命につながっており、それと直接に連続していると考えて来たのであります。ですから、人びとがそのつもりになって、それぞれ内省内観の努力を怠らなかったら、もちろん人によってそれぞれ趣《おもむき》の相違はあるにしても、全然わからぬということはないと考えて来たのであります。そしてわれわれ東洋の先哲たちは、主としてこのような態度によって、宇宙と人生の真相の一端に、身を以って触れようとして来たのでありまして、かの西洋の哲学者たちのように、必ずしもそれを学問的な形態にしようとはしなかったのであります。もちろん、今日の眼から見れば、こうした東西の考え方には、それぞれ長所と短所とがあるわけでありまして、どちらか一方でなければならぬとは、わたくしも考えてはいないのであります。

ただわたくしとして、この際申したいと思うことは、宇宙との本質的、内面的な連関については、いやしくもわれわれ人間が、この地上に「生」を受けた以上、何人もそれぞれの分際と力に応じて、ある程度心得るように努力しなければならぬということであります。そしてそれは、ここにこうして、お互いに地上の「生」を与えられた以上、われわれ人間として、いわば根本的な義務であり、最大最深の責務だといってもよいでしょう。

しかしそうは申しましても、これは必ずしも西洋哲学のように、学問的にならねばならぬというわけではないでしょう。何となれば西洋の哲学は、きわめて少数の専門家が、そのために生涯を賭ける特殊な専門家としての研究でありまして、何人にもできるという性質のものではないからであります。その上、かりにそうした厳密な学問的な仰々《ぎょうぎょう》しいものにしてみた処で、すべての人が理解して、それを生きるための原動力とするわけにはいかないからであります。そこで、わたくしとしては、そうした専門家的なやり方で、学問的な形態にしなければならぬとは考えないで、各人がそれぞれ自分の心の奥底を、内省し内観することによって、しだいに深く探り入り、やがてそこに、この微々いうに足りないほどの生命でありながら、なおかつ、この無限絶大なる宇宙生命の極微的な一発現だということが、何らかの程度で明らかになりますと、そこからして、われわれ人間は「一体どのように生きるのが、自己の本来的な生き方か」ということが、それぞれの分に応じて、何ほどかは分かってくるはずであります。そしてそれこそわたくしが、本日のテーマとして、各人がそれぞれ自己の哲学を――という意味で、「万人が自己の哲学を――」という題目を掲げたゆえんであります。

第三講――新たなる人間の学を

道服姿の名児耶先生は、今日も校長先生の先導でご入室になり、やがて壇上に登られて、一礼の後、今日のテーマをお書きになられた。そして一同に配られているプリントを、今日も朗々と読まれたが、もうそれだけで、何となく分かったような気がした。

㈡　**大道は違《たか》わず天地の経文にあり**

翁曰く、それ世の中に道を説きたる書物、かぞうるに暇《いとま》あらずといえども、一として癖《へき》なくして全きはあらざるなり。何んとなれば、釈迦も孔子もみな人なるが故なり。経書といい経文というも、みな人の書きたるものなればなり。ゆえに予は不書の経、すなわち物言わずして四時行われ、百物成るところの天地の経文に引き当てて、違《たが》いなき物をとりて、違えるはとらず。ゆえに予が説くところは決して違わず。それ灯皿《ひざら》に油あらば、火は消えざるものと知れ。火消えなば油尽きたりと知れ。大海に水あらば、地球も日輪も変動なしと知れ。万一大海の水尽きることあらば、世界はそれまでなり。地球も日輪も散乱すべし。その時までは決して違いなき我が大道なり。それ我が道は、天地をもって経文とすれば、日輪の光明あるうちは行われざることなく、違うことなき大道なり。

今日のところは、前回における翁の真理論につづいて、さらにそれを敷衍《ふえん》しているわけであります。いまその大意を一言で申せば、世間に真理を説いている書物は無数にあるが、しかしそれぞれくせがあって、完全なものは無い。そのわけは、釈迦だ孔子だといっても、結局、生きていた人間の言ったことを書き伝えたものだから、それぞれそこにくせの出るのは当然である。

そこで、自分の説く教えは宇宙の根本原理たる「天地不書の経文」、即ち文字によって書かれた真理でなくて、直接事物によって示される宇宙的真理に一々当てはめて見た上でないと、説かないことにしているのである。つまり灯皿に油があれば火は消えないし、火が消えたら油が尽きた証拠である。また、大海に水のある間は、地球にも太陽にも、異状なしと考えてよいが、万一大海の水が無くなったとしたら大変で、地球も吹っ飛ぶ時だと考えてよかろう。このように、自分の説く真理は、天地大自然という、活きた書物に基づいているのだから、太陽に根本的な変化の起きない限り、まずは変わらぬといってよかろうというのです。いかがです。大した大見識でしょう。

さて、前回にはわたくしは、「各人それぞれ自分の哲学を持つべきだ」という主張について、そのあらましをお話したわけであります。しかしながら、わたくしの言葉が足りないというよりも、むしろ説明の仕方がまずく、そのために、わたくしの言おうとした趣旨が、ハッキリ呑みこめなかった方もあったかと思われます。そこで、念のためにもう一度簡単に申しますと、普通にこれまで「哲学」と呼ばれて来た学問は、西洋でそれぞれ歴史に残るような専門家たちが、それぞれの世界観・人生観を、学問的に確立しようとした専門的な努力の成果といってよいわけです。そこで、西洋とはすべての事情が違っているわれわれの場合には、とくに学問を専門としていない普通一般の人々にとっては、それはむしろ解らぬのが当然ともいえましょう。

ところが、われわれ人間がこの地上に生をうけて、二度とない人生と真剣に取り組み、できるだけ意義ある人生を送るには、どうしても、大宇宙と人間との関係、また宗教的にいえば、神・仏とわれわれ人間との関係というか、そのつながりが、それぞれその人なりに、一応、分かっていませんと、この二度とない人生を真に正しく、かつ力づよく生きることはできないでしょう。そこで、わたくしの考えとしては、必ずしも学問的な形態でなくてもよいから、とにかくわれわれ人間は、大宇宙と自分との内面的な関連を、自分なりに納得のゆくまで突き止めて、自分なりに一つの見解に到達しなければなるまいと思うのであります。そしてこうしたことをわたくしは、「すべての人は、それぞれ自分の哲学をもたねばならぬ」というゆえんであります。

しかしながら、ここまで申しても、なお、人によっては、誤解がないとも言えないでしょう。そこで、それをさらに端的に申しますと、結局「人間はそれぞれ自分なりに、一つの宗教的信念をもつ必要がある」ともいえるわけであります。もっとも、ここでわたくしが「宗教的」信念というのは、必ずしも何かの既成宗教によらねばならぬというわけではありません。それというのも、物事はすべて一長一短でありまして、それぞれの既成宗教についても、それぞれ長所もあればまた短所もあるわけですが、さらに既成宗教と、そうでない一般的な宗教的信念について考えてみましても、そこにはやはり長短があるわけであります。すなわち既成宗教には、それぞれの宗派に特有な教説がありますから、それを拠《よ》り処として求めてゆけば、比較的に入りやすいといえましょうが、その代わりに、またそれぞれの教義というものが、これをウラ返せば一種のわくとなって、妨げとなる場合もないわけではありません。そこで、既成宗教におけるそのようなわくを好まない人は、必ずしも一つの既成宗教に拠《よ》らなくても良いわけであります。同時に、こういうことになりますと、先にわたくしが「一人一哲学」といったものと、ある程度似通ったものになるともいえるわけであります。

では、そうした立場にたつものとして、実際にはどういうものがあるかといえば、まずわたくしの心に浮かぶのは、黒岩周六の「天人論」や、伊藤証信氏の「哲学入門」などが、これに当たるかと思うのであります。黒岩周六という人は、一般にはユーゴーの「レ・ミゼラブル」の翻案としての「嗚呼無情」によって知られていますが、しかしこの人の「天人論」という書物は、いわばその哲学観を書いたものでありまして、ここで「天」というのは、いわゆる「世界観」という意味であり、また「人」とは「人生観」の意味ですから、したがって、「天人論」という書名そのものが、「世界観と人生観」を意味しているわけであります。

また、伊藤証信という人は、河上肇博士がその壮年期の一時期に弟子入りされた宗教家でありまして、「無我の愛」という一種の哲学的宗教というべきものを説いた人であります。そしてここに掲げた「哲学入門」という書物は、この人のそうした独特な哲学的宗教観を、たれにも分かるように平易に書かれたものであります。これは、既成宗教と比べれば、やや哲学的といえましょうし、また通常に「哲学」と呼ばれているものと比べれば、やや宗教に近いともいえるわけであります。前回にも申したように、カントを始めとして、西洋の哲学者の哲学説は、ふつう一般の人びとには高遠に過ぎて、とても歯が立ちませんが、さりとてまた、わが国でふつうに「哲学概論」と呼ばれているものは、それら西洋の哲学説の紹介羅列に過ぎないのでありまして、とうていそれによって、宇宙人生の真相の一端など、分かるはずはないのであります。

ところが、以上掲げた二種の書物の場合には、いわゆる既成宗教のわくに囚《とら》われず、さりとてまた、いたずらに西洋哲学の難解さにも陥らないで、たくみに両者の間を縫うて、著者が身を以って人生の一路を拓《ひら》いた試みとして、わたくしは敬意を払うにやぶさかではありません。ところがそのために、かえって既成宗教家からは宗教ではないとせられ、また、いわゆる哲学者からは、通俗哲学として一こうに顧みられないまま、今日に及んでいるのであります。

そこで以上述べたように、わたくしが先に「人間はそれぞれ自分の哲学をもつべきだ」といった場合の哲学とは、元来このような物を意味するわけであります。ところが、ここで一つ困る問題は、こうしたものは、一たい何と名づけたら良いかという問題であります。それと申すのも、それは以上述べて来たように、普通の用語法の「哲学」というコトバの当たらぬのはもとよりですが、さりとてまた、普通の意味での「宗教」というコトバも、既成宗教とまぎらわしいために、適当ではないのであります。そこで苦肉の策として「哲学的宗教」とか、また逆に「宗教的哲学」などという名称も考えられないわけではありません。しかしその何れもが、まだ生硬であって、十分に熟した名称とは言えないでしょう。そこで、これらと比べれば、まだしも哲学的人生観とか、ないしは宗教的人生観というほうが、はるかに無難だといえましょう。すなわち、「われわれ人間は、それぞれ自分の宗教的な人生観をもつ必要がある」わけでありまして、これなれば、わたくしの言おうとしていることを、ほぼ表現しているといってよいかと思うのであります。

そこで、名称のことは一応、この程度にして、つぎにはその内容ですが、わたくしの考えでは、それはその人の宇宙観と人生観とが、渾然と融け合ったものでなければなるまいと思うのであります。もっとも、こう申しますと人々の中には、それは大へん至難な事柄だという人もありましょう。もちろんわたくしとても、決してそれをたやすいことと考えているわけではありません。しかしながら、それはめいめいの人が、自分の人生の生き方を探求し究明するわけですから、もしその人さえ真剣に、人間としての自己の生き方を追求していれば、必ずやその人なりに、ある程度分かってくると思うのであります。いわんやそこでは、いわゆる既成のわくは、ひとりその必要がないばかりか、かえってそれは無用の長物であり、さらには邪魔物となるのであります。

そこで、このように考えて来ますと、われわれ人間にとって、もっとも大事なことは、ただ今申すような意味での「知慧」、すなわちわれわれ人間にとって、この宇宙人生が、一たいどのような意味をもつものかということを、各人がそれぞれの素質と閲歴に応じて、それぞれ身についた「知慧」となるように、努めることだともいえましょう。そしてそのような「知慧」は、われわれ人間は自分が生きている限り、終生これを求めるべきだと思うのであります。何となれば、それは絶対無限な大宇宙生命を対象とするわけですから、ある程度分かったからといって、それでもうすべてが分かったなどといって、あぐらをかくことは、絶対に許されないからであります。それどころか、このような生命に関する知慧というものは、もうこれで分かったなどといってあぐらをかきますと、逆に急転直下、たちまち奈落の底へ墜落するという性質のものなのであります。

さて、以上で、わたくしの申したいことは、一おう申せたかと思いますが、しかし以上申して来たような、人間の生き方を中心にした「知慧」に対して、一たい何と名づけたものでしょう。それは先にも申すように、宗教的哲学観、ないしは哲学的宗教観ともいえないわけではありませんが、しかしそれ以外に、何か適当な名称をつけるとしたら、わたくしの考えでは、むしろ「新しい人間学」と名づけるのも、一つの試みではないかと思うのであります。では何故わたくしが、最初からこの名称を持ち出さなかったかと申しますと、それは「人間学」というコトバは、すでに西洋哲学のほうでも一部には唱えられており、しかもそれは、やはり西洋哲学に特有な専門家でなければ歯が立たない難解なものですから、そういうものと混同せられる恐れがあるからであります。そこでどうしても、「新たなる人間学」というのが、比較的相応《ふさわ》しいかと考えるわけであります。

そこで、多少誤解の恐れはあるにしても、単なる宗教的人生観とか、または哲学的人生観というよりも、この方が良くはないかと思いますのは、単に宗教的人生観とか哲学的人生観というだけでは、既成宗教による人生観だったり、あるいはまた西洋哲学説の紹介などを交えて、何ら生きた生命内容をもたないものと混同される誤解を、ある程度防ぎうるかと思うからであります。何となれば、わたくしがここで力説しているのは、お互い人間は、そのような借り物の思想でなくて、いかに粗末でもよいから、とにかく自分の手織りの材料で、自分の体に合うような着物をつくって着ようではないか、という主張だからであります。

同時に、このような立場に立つことによって、わたくしがかねてから、問題にしてきた問題、すなわち、わたくしの学問的伝統というべきものは、すでに民族の先賢たちによって開かれた、心学及び実学の流れに汲むもの、と言ってよいわけですが、唯この場合困ることは、「心学」といえばやや内に片寄る傾向があり、さりとてまた単に「実学」といってしまったのでは、内面を忘れた単なる外面的事象に関する、卑近な実用的知識の集積に過ぎないかのような、誤解の恐れがないとはいえないのであります。そこで、それら明治維新前の古い学問観の旧衣を脱して、どうしたら「新たなる酒を新たなる革袋」に盛ることができるか、と考えるわけであります。しかしながら、この場合にもまた、長所は同時に短所を免れないという。地上の根本制約は免れないのであります。すなわち、「人はすべて自分の哲学を持たなければならぬ」といった場合と、「人はすべて自分の人間学をもつべきである」といった場合とでは、そのニュアンスはかなり違うといってよいでしょう。しかしながら、これは、もし今後この「人間学」ないしは「新しい人間の学」というコトバが、時と共にしだいにわれらの民族の間に用いられるようになれば、これまでの哲学というコトバよりも、比較的その内容に近く理解せられるようになろうかと思うのであります。何となれば、「哲学」という訳語では、それ自身の本来の意味である「愛知の学」という意味が、分かりにくいのに反して、「人間の学」ということになりますと、だれが聞いても、その意味する処は、少なくともその見当だけはつくからであります。

第四講——わたくしの人生観

道服姿の名児耶先生には、今日も校長先生のご案内でお越しになり、おもむろに登壇。一礼の後、今日のテーマをお書きになり、つづいて次のプリントを朗々とお読みになった。

(三) 真の道に入るの門戸

翁曰く、世の中に真の大道はただ一筋なり。神(道)といい、儒(教)といい、仏(教)という。みな同じく大道に入るべき入口の名なり。或いは天台といい、真言といい、法華といい、禅というも、入口の小路の名なり。それ何の教え何の宗旨というが如きは、たとえばここに清水あり。この水にて藍《あい》をときて染むるを紺屋といい、この水にて紫をときて染むるを紫屋というが如し。その元は一つの清水なり。紫屋にては、わが紫の妙《たえ》なること天下の反物、染まるものとして紫ならざるは無しとほこり、紺屋にては、わが藍の徳たる洪大無辺なり。故に一度この瓶《かめ》に入れれば、物として紺ならざるはなしというが如し。それが為に染められたる紺屋宗の人は、我が家の藍より外に有難き物はなしと思い、紫屋宗のものは、我が宗の紫ほど尊き物はなしというに同じ。

これ皆、いわゆる三界城内に跼蹐《きょくせき》して出ること能わざるものなり。それ紫も藍も大地に打ちこぼす時はまた元の如く、紫も藍もみな脱して、本然の清水に帰るなり。その如く神・儒・仏を初め、心学・性学等枚挙に暇あらざるも、みな大道の入口の名なり。この入口いくつあるも、到る処は必ず一つの誠の道なり。これを別々に道ありと思うは迷いなり。別々なりと教うるは邪説なり。

今日のところも、根本の立場はまったく同じでありまして、世間では神・儒・仏それぞれ違う物のように説いているが、自分から見れば、皆それぞれが唯一絶対の真理（大道）への入口を、色々な角度から説いているに過ぎない。いわんや同じ仏教内での宗派争いの如きは、まったく言語道断という他ない。

紫も紺も、元は同じ水に溶かした物であり、神道・儒教・仏教という相違も同様で、元に還れば、唯一絶対の真理に基づくわけである云々と。どうも大した大見識で、当時名だたる学者や宗教家、名僧といわれるような人々も、全く眼中にないわけですが、その根本は、翁の根本信念は、学者や宗教家などの書いた書物などには眼もくれず、唯ただこの宇宙大自然を根本経典としていればこそ、このような雄大な見方もできるわけで、まったく驚歎の他ありません。

さて前回、わたくしのお話したことの要点は、われわれ人間は、自分の人生の生き方に対して、各人がそれぞれ自己の見解をもち、自分のプリンシプルを持つようにならねばならぬというわけであります。そしてそれは、いわゆる西洋哲学のように、哲学の専門家さえなかなか分かりにくいような、良くいえば高踏的貴族的、また悪くいえば、一種の専門家的名人芸ではなく、さりとてまた既成宗教のように、なるほど一面には深さはあっても、とかくそれぞれの宗派我に囚われて、互いに対立し合うような事から免れて、心ある人なら何人にも分かるような形態で、人生観を中心とした新たなる学問への要求があるのではあるまいか。そしてそのような新しい知的要求に対して、われわれは新たなる「人間学」、ないしは「新しい人間の学」という名称をつけてみたらどうか、ということだったのであります。そしてその特徴は、西洋哲学のように、哲学・倫理学・宗教哲学などというような、それぞれの専門的分化のかべをとり払って、すべてわれわれ「人間」をその主題とし中心としながら、しかもそれはいわゆる専門家でなくても、心ある人ならだれでも、それ相応の理解はできるような、いわば「万人の学」とでもいうべきものが希求せられているにもかかわらず、それに応える努力が、これまで学者の側からも、また宗教家の側からも、為されていないように思われるのが現状です。そしてそれは、結局、学者や宗教家と呼ばれるような人々が、現代という時代の現実を踏まえて、真に民衆の悩みというか、その魂の希求に対する洞察が、何れの側からも、切実に為されていないからだと思うのであります。

では、そのような立場に立つとして、われわれ人間というものは、一たいどのようなものと考えたらよいでしょうか。この点に関してわたくしの考えを端的に申しますと、「われわれ人間というものは、大宇宙意志によって、この世へ生み出され派遣されたものだ」といってもよいでしょう。もちろん、ここに「派遣」などというコトバを使うのは一種のたとえであり方便に過ぎないことは、改めてことわるまでもあるまいと思います。だが、それによってわたくしの言いたいことの根本は、とにかくわれわれ人間は、自分の力で自ら意志して、この世へ生まれて来たものではないということであります。同時に、わたくしの考えでは、われわれのいう「新たなる人間の学」を考えるにあたり、この点に対する認識は、一切の事柄に先立って重要な点だと思うのであります。

では何故そうかと申しますと、今さら改まって申すまでもないことながら、われわれ人間がもし自分の力で、自ら意志してこの地上に出現したものだとしたら、それはある程度、自分の生命を左右する力をもった存在であるはずであり、単なる被造物ではないことになり、随ってまた、「死」を不可避とする存在でもないはずであります。しかもこれらの事は、単なる一場の仮想に過ぎないというよりも、まったくの虚妄であって、この地上では絶対にあり得ないことなのであります。すなわち万が一にも、このような事があり得たとしたら、人類の生んだいかなる大宗教家・大哲学者の学説や教説も、一切が当てにならぬウソッパチということになるのであります。

そこで元へもどりまして、われわれ人間の、この地上における「生」は、自らの意志や力とは何の関わりもなく、まったくわれわれ人間を越えた無限絶大なるものの力によって、この地上に出現せしめられたという他ないのであります。そこからして、次に問題となるのは、ではわれわれ人間は、一たい何ゆえこの世に出現せしめられたのでしょうか。すなわち如何なる目的のために、この世に出現せしめられたというべきでしょうか。ところが、この点については、大別して二つの考え方があるかと思うのであります。

そしてその一つは、ひとりわたくしという人間のみでなく、すべての人類は、何ゆえこの地上に出現せしめられたのか――という問題でありましょう。そしてこの点に関しては、わたくしはキリスト教で説くように、神はこの地上の栄《さかえ》のために、ひとり人間のみならず、天地間の万物を創造せられたのであって、それは全くこの地上の栄《さかえ》のためであり、さらには、全宇宙の栄光のためといって良いかと思われます。少なくともわたくしには、それ以外には、その意味を考えることも出来なければ、またうなづくことも出来ないのであります。

ところが以上は、この地上における人類の出現を初め、天地間の万物を創造せられたことに対する大宇宙生命の意志を、かりに推察してみてのことであります。ところが、次に問題となるのは、そうした人類全体とか、さらには天地間の万物の出現の意義というようなことではなくて、かくいうわたくし自身の生命が、何ゆえ大宇宙生命の力によって、この地上に出現せしめられたかという問題であります。すなわち、前者は人類全体、さらには天地間の万有に関して、その出現の意味を考えたわけですが、後者はお互い一人びとりの人間が、一たい何ゆえこの地上に出現せしめられたのであろうか――という問題でありまして、前者とはその観点を異にするわけであります。

では、この点に関して、わたくし自身は、一体どのように考えているかと申しますと、わたくしは一人の人間が、この地上に出現せしめられた意味を知るのは、一人びとりの人間各自の責任であって、われわれ人間のこの世における第一の任務は、実はこのように、何ゆえ自分はこの地上に出現せしめられたのかを明らかにすることではないかと思うのであります。そしてそれは、いささか比喩的に過ぎるとは思いますが、一般に分かりやすい表現をすれば、先ほども申すように、人は何ゆえこの地上に「派遣」せられたかということになるわけであります。

ところが、この点について一つ困ったことは、われわれ人間は、「何のために自分は、この世に派遣せられたか」ということが分かるには、少なくとも人生の半ば近くまでは、かかるといってよさそうだということであります。すなわち、古来偉人といわれたような人びとにしても、自分のこの世における使命を自覚したのは、大たい三十代の半ば前後といってよいかと思われるからであります。たとえば、わが国の中江藤樹先生をはじめとして、中国の王陽明などにしましても、またわたくし自身の心の眼を開いて下さった先師有間香玄幽先生にいたしましても、いずれも自己がこの地上に派遣せられた意味が分かりかけるのに、どうも人生の半ば近い歳月を費していられるのであります。

さて、以上申したことは、われわれ人間の一人びとりが、何ゆえこの地上に「派遣」されたかということが、多少とも分かりかけるには、相当に偉れた人びとでも、一おう人生の半ばに近い歳月を、その探求のために要するのが、通例だということでありました。ところが問題はそれだけでは済まないのでありまして、それ以後といえども、それはその人の人生の歩みと共に、しだいに深められてゆくと言ってよいのであります。否、真に偉れた人の場合には、それは年と共にいよいよ深められてゆくのでありまして、極言すれば、それはその人の「死」の寸前まで、深められてゆくとさえ言えるようであります。もっとも、ここでわたくしが「深められる」と申すのは、この地上へ派遣せられた自らの使命感に対する認識が、次第に深められてゆくという意味なのであります。

そこで、この辺でひとつ方向を転じて、では何ゆえ神または大宇宙生命は、このように手間どらせないで、もっと早くから人間の一人びとりに、この地上へ派遣せられた意味を、各人に分かるようにしないのかという問題ですが、これはこの地上における最深のなぞの一つといってよいでしょう。少なくともわたくしには、そうとしか思われないのであります。随って、もとよりわたくしなどに、その深意の分かろうはずはないわけですが、しかし今しいて忖度《そんたく》してみますと、あるいは次のような事情によるかとも思われるのであります。それは大宇宙意志は、一人びとりの人間の使命を、一おう人間としての基盤ができ上がったあたりで自覚させよう――としているのではないかということであります。それというのも、もしそうでなかったら、すなわちその時期が余りに早過ぎる時期において、この点に目覚めたといたしますと、その人はいわば小さく固まってしまって、宇宙意志から命じられた本来の使命を実現する点において、ともすれば不十分になる恐れがあるからではないかと思われます。

また同様な意味からして、神は最初から、何人にも自分の使命の分かるようには、していないわけであります。こういうと人々の多くは、それよりも一人残らずの人間が、早い時期から自分の使命の分かるように、なぜ神は人間を創らなかったのか、と思う人が少なくないかも知れません。ところが、人間のこの地上への出現は、ご存じのように、直接神の手によって一挙に、まるで粘土細工でも作るように創られるのではなくて、いわゆる生物進化の過程を通って行なわれるわけですから、生物は直接には、それぞれその親から生まれるような仕組みになっているのであります。それゆえ万一人間が、自分の使命を十五歳か二十歳くらいで分かったとしたら、人生の生き方について迷うということもなく、さぞかし好都合だろうと思う人もあろうかと思います。しかしながら、仮りにそうした場合を考えてみますと、それではスケールの小さな、凝固し固型化したものになってしまうといってよいでしょう。

そこで、以上のような理由によって、われわれ人間は、自分がこの地上に派遣せられた意味に真に目覚め始めるには、先にも申したように、大たい三十代のほぼ半ば辺だといってよいでしょう。そこで、もしそうだといたしますと、われわれ人間のそれまでの歩みは、この点にその根本眼目は置かれねばならぬわけであります。ところが、現在の学校教育をかえりみますと、この点果たしていかがでしょうか。それはたとえ大学教育までを考えに入れてみましても、果たしてこの点が十分に顧みられているといえるでしょうか。否、それどころではありません。本来なれば、もっとも深くこうした点が考えられねばならない哲学や倫理学ないしは教育学などの専攻課程においてさえ、はたして如何でしょうか。わが国の教育界や学問の世界を、もしこのような点から考えてみるとしたら、それは不十分などという程度ではなくて、そのあるべきものとは、あるいは天地相隔たる底のものであるかも知れないのであります。そしてかような処にこそ、現代におけるわが国の大学問題があると共に、さらには学界の問題もあるといえましょう。

第五講——わが世界観

今日も道服姿の名児耶先生には、校長先生の先導でご入場。やがて登壇の後、今日のテーマをお書きになった上、例により今日のテキストを朗々とお読みになった。

(四) 大道は水のごとく書籍は氷のごとし

翁曰く、大道はたとえば水のごとし。よく世の中を潤沢して滞《とどこお》らざるものなり。然るに貴き大道も、書に筆して書物となす時は、世の中を潤沢することなく、世の中の用に立つことなし。たとえば水の氷りたるが如し。元《もと》水には相違なしといえども、少しも潤沢せず、水の用を為さぬなり。而して書物の註釈という物は、また氷に氷柱《つらら》の下りたるが如く、氷の解けてまた氷柱となりしに同じ。世の中を潤沢せず、氷の用を為さぬはやはり同様なり。

さてこの氷となりたる経書を、世上の用に立てんには、胸中の温気《うんき》をもってよく解かして、元の水として用いざれば、世の潤沢にはならず。実に無益の物なり。氷を解かすべき温気胸中になくして、氷のままにて用いて水の用となすものと思うは愚の至りなり。世の中、神・儒・仏の学者ありて、世の中の用に立たぬはこれがためなり。

翁のいわれるのに、真理(大道)というものは、水のようなもので、社会の隅々まで行きわたって、これを生かすものである。ところが、そのような生きた真理も、これを文字によって書物にしてしまうと、社会を潤す力を失ってしまって、何ら世の為になることはない。それはたとえていうと、水が凍ったようなもので、元は水でありながら、物を潤すことはできない。いわんや書物の註釈などという物に至っては、氷が融けてもう一度凍ったつららみたいなもので、世の中の用に立たぬのは氷と同様である。

ところが、氷みたいになった書物を世の中の用に立てるには、各自がそれぞれ自分の体験（胸中の温気）によって、文字として凍っている真理を溶かした上でないと、役に立たないばかりか、かえって無用の邪魔物である。世間に色々と学者はありながら、真理を生かして役立てる学者の少ないのは、自分の体験によって、文字として凍りついている真理を溶かして、活用する学者が少ないせいである――というような意味でしょうが、どうも大したものでしょう。

さて、前回わたくしが皆さん方にお話したことは、これを一口で申せば、われわれ人間というものは、絶大無限な大宇宙意志によって、この地上へいわば派遣せられたようなものであるということでした。もちろんこれは、多分に比喩的な言い方をしたわけですが、しかしある意味では、そうともいえようかと思うのであります。すなわち、われわれ人間は、ただ一人の例外もなく、すべて自分の意志とか力によって、この地上に生まれてきた者はないのでありまして、この点に関する認識こそ、われわれ人間の認識の中でおそらくは最高最深の認識といってよいでしょう。

ところが、そのばあい大切な点は、そうであるにも拘らず、われわれ人間は、自分がこの世に派遣せられた使命は、自らこれを探し求めねばならぬということであります。その上に、それの分かりかけるのに、人生のほぼ半ばに近い歳月を要するのでありまして、これは古今の偉れた人びとの場合を考えても、ほとんど例外がないのであります。しかもそれが何故かという点についても、もともと被造物の一員であるわれわれ人間に、真に分かるということは許されないわけであります。しかしそう言ってしまったのでは、取りつく島もありませんから、それに対してわたくしは、前回多少の忖度《そんたく》を試みてみた次第であります。しかしここでは、それを繰り返そうと思いません。何となれば、われわれの前には、そのようにわれわれをこの地上に派遣したものに関する問題が、今や絶大な問題として、わたくしたちの前に居然《きょぜん》として、立ちはだかっているからであります。

では、端的にいって、われわれ人間をこの地上に出現せしめたものは、一体如何なるものと考えたらよいでしょうか。それに対して、わたくしの申したいことは、それは何よりも、この大宇宙を斯《か》くあらしめている、絶対無限の力という他ないと思うのであります。もしそれを、神ないし仏と呼びたいならば、もとよりそれを否定するわけではありません。しかしながら、それに対して一つの注意を要する点と思われるのは、その場合神または仏というとき、もしこの大宇宙の中に介在する一種の素朴な擬人《ぎじん》的な神仏の像を心に描く人があったとしたら、それは今わたくしが、ここで言おうとしている無限絶大なる大宇宙意志とは、ある意味では根本的にその性格を異にするものだということであります。なるほど、素朴な人びとの神仏観としてならば、それでもさし支えないかも知れません。しかしながら、いかに一般的具体的な立場に立つとしても、いやしくもそれが、「新たなる人間の学」である以上、そうした擬人的な神仏観を手放しに肯定して、それに甘んずることは、現代に「生」をうけたわれわれ現代人としては、許されぬことといってよいでしょう。

そこで一歩をすすめて、では何故そのような素朴な擬人的神観が、いかなる民族においても、少なくともかつて存在した時代があるばかりか、二十世紀の現代においてさえ、ある意味ではそのような素朴な神観が、今なお現存しているのでしょうか。この問題に対して、単にそれを素朴な神観として、時にはそれを未開種族の宗教観のように考えるだけでは、真に民衆の心の奥底に探り入るものとは言えないでしょう。

では、何故人間というものは、ともすれば、そうした傾向を免れ難いかと申しますと、それはいかに高度の宗教においても、われわれ人間が一人びとり、そうした絶大無限なる大生命と直接触れるのは、結局は、われわれ自身の意識の奥底でしかないからであります。否、それだけではなく、そこにはさらに、このわれわれの身体を支えている生理的生命とも、全く無関係だとはいえないからであります。すなわち、これを端的にいえば、かかる絶大無限なる宇宙生命も、いわば「小宇宙」ともいうべき、このわれわれ自身の実存と切り離しては考えられないところに、先に掲げたような、このわれわれ自身の自己投影像ともいうべき、かの素朴なる神人像の出現するゆえんがあると思うのであります。

かくして、いわばわれわれ人間の素朴な投影像ともいうべき擬人的神観に対しては、今日科学の洗礼をうけた人びとがこれを否定して、安易には受けつけないのは当然ですが、しかもひと度われわれ自身をかえりみて、七、八時間の眠りから覚めた際、その七、八時間の間、われわれの血行を支えていた「力」は、一たい如何なるものでしょうか。同様にまた、その七、八時間の間、われわれは自らの呼吸についても、何らの意識も持たなかったにも拘らず、それが持続せしめられていたのは、そもそも何故でしょうか。それに対して、それは「われわれ人間の身体的構造が、そのようになっているのだから――」などというが如きは、何ら答えにはなっていないと言わねばならぬのです。何となれば、一歩をすすめて、われわれ人間の身体的構造を、そのように作り上げた「力」自体は、そもそも如何なるものというべきでしょうか。あるいはさらに、「それは進化論の根底にあって、全生物的生命の無限進化を導いて来たものだ」といってみたとしても、それだけでは何ら根本的な解決にならないばかりか、そのような考え方自体が、しだいにわたくしの言おうとしている絶大無限なる宇宙生命に、知らず知らずに近づいてくるのを如何ともし難いのであります。

そこで、今このような無限絶大な「力」を以って、この大宇宙を超越しているものと考えるか、それともこの大宇宙に内在していると見るかによって、人類は古来二種の神観を考えて来たのであります。前者すなわち、神はこの大宇宙より超越しているとみる考え方を、普通には超越神観と名づけ、その代表的なものは、いわゆるキリスト教神観であります。これに対して、神はこの大宇宙に内在していると説く立場は、これを汎神論と名づけて、仏教がその代表的なものとされているのであります。しかもそれらのうち、何れか一方でなければならぬとは、おそらくは何人もいう資格はないというべきでしょう。何となれば、そもそも内とか外という概念そのものが、実は空間を予想するわけでありまして、たとえばそれは地球の内とか外とかいう例によっても、何人にも直ちに分かる事柄だといえましょう。しかもわたくし自身の考えによれば、そのような内・外観の根底には、結局われわれのもっているこの身体が予想せられていると思うのであります。

随って、今このような立場に立てば、無限絶大なる神的「力」は、この大宇宙を超越してそれを成立せしめていると同時に、さらに大宇宙の内部にも遍満滲透して、到らぬ隈《くま》もないものという他ないでしょう。またかくてこそ「創造」という絶大な作用も可能であって、現に無辺なる大宇宙が、永恒にわたって存立していること自体が、実は神の第一次的創造と思うのであります。

しかしながら、この点に関してキリスト教と仏教では、その間多少の趣きの相違が見られるようであります。ご承知のように、「聖書」には、神は世界を七日間で創られたと記されていますが、しかしこれは一種の象徴的表現でありまして、現に札幌農学校で水産学を修めた内村鑑三先生には、進化論を肯定する考えが先在していたために、先生のこの点に対する考えは、最初からわたくしが上に申したような考え方だったのであります。すなわち神の第一次的創造は、もちろん進化論をも包摂すると考える立場であります。

これに対して仏教のほうでは、この宇宙の存在を無始無終としており、随ってその点では、キリスト教における創世神話の如きには、陥らぬといっているようですが、しかし単にそれだけでは、どうしてかような無始無終なるものが存在するか、それを創ったものは如何なるものか？　というような論難が、キリスト教の側から起こされるわけであって、結局キリスト教も仏教も、それぞれがその教義としての制約をもっているわけですから、両者はどちらからも相手方を論難しうると共に、また相手方より論難をうける可能性を内包しているわけであります。

ということは、一たい何故かと申しますと、もともと大宇宙をも越えて、これを存在せしめている無限絶大なる「力」に対して、それと創造との関係を説こうとして、結局、われわれ人間の有限知を以ってしているからであります。また事実われわれ人間としては、それ以外に方法がないところからして、神ないしは無限の絶対者の属性における、すべての矛盾と対立とは、要するに、それに用いられるわれわれ人知の相対性と有限性とから来るという他ないでありましょう。すなわち、先にも一言したように、神は大宇宙より超越しているか、それとも大宇宙に内在しているか、などという問題自体が、すでに何らかの意味において、空間概念を予想している処から生ずる矛盾、ないしは対立といってよいのであります。

それ故、神は宇宙を超越しているか、それとも宇宙に内在しているかという問題に対してはいま論理を主とする立場に立てば、結局、神は宇宙に対して「超越にして内在、内在にして超越」という他ないのであります。しかしながら、かくいうのは、いわば理を主とする哲学の立場でありまして、いま絶対的生命の体認・直証を主とする宗教の立場に立てば、やはり超越を主とするか、それとも内在を主とするか、その何れかの二者択一を迫られるわけでありまして、超越にして内在、内在にして超越というような、論理を主とする哲学の立場は、悦ばれないわけであります。何となれば、宗教の立場は、この有限存在たるわれわれ人間が、自己に内在している有限的生命を手掛りとしながら、その根底に働いて、瞬時といえども留まることのない、絶対無限の生命の直証的体験に基づくものだからであります。そしてかような絶対的生命を、その超越性に即して把握するか、それともかかる絶対的生命を、自らの有限的生命の内在面に即して直証するかは、結局、それぞれの宗教の創始者たる宗祖自身の、個性的な人間類型によるという他ないでありましょう。

第六講 —— 神・人間・万有

道服姿の名児耶先生には、今日も校長先生の先導でご入室、そしておもむろに壇上に登られ、一礼の後、今日のテーマを書かれ、次のテキストを読まれる。

㈤　文字は道を伝うる機械なり

翁曰く、家僕芋種《いもだね》を埋めて、その上に芋種と記せし木札を立てたり。翁曰く、卿《けい》ら大道は文字の上にあると思い、文字のみを研究して学問と思えるは違《たが》えり。文字は道を伝うる機械にして、道にはあらず。然るを書物を読みて道と思うは、過ちならずや。道は書物にあらずして、行いにあるなり。今かの処に立てたる木札の文字を見るべし。この札の文字によりて、芋種を掘り出し、畑に植えてつくればこそ食物となれ。道も同じく目印の書物によりて、道を求めて身に行うてはじめて道を得るなり。然らざれば学問というべからず。ただ本読みのみ。

今日のところは、具体的な実例によって説かれているので、どなたにもよくお分かりでしょう。その要点は、「真理というものは、現実の天地人生そのものの中に生きて、時々刻々働いているのに、それを誤って、『真理は文字の中にある』と錯覚し、書物の研究だけで、学問をしていると考えるのは、根本的な誤りである。それというのも、文字は真理の所在を知らせるための枝折《しお》りというか、符牒《ふちょう》みたいなものに過ぎないからです。言いかえると、書物というものは、真理を求めるための一つの目印に過ぎず、それによって真理を求め、そしてわが身に実践してみて、初めて真理を体得したといえるわけです。もしそうでなければ、それは単なる本読みに過ぎず、真の学者とはいえない」というほどの意味でしょう。

さて、前回わたくしは、「わが世界観」と題して、わたくし自身の考えている無限絶大なる宇宙生命について、その片鱗をお話したつもりですが、しかしあの程度のお話では、わたくしの考えているものが、一体どういうものかということさえ、大して分かって頂けなかったのではないかと思われてなりません。それゆえ今日は、結局は同じ問題といってよいわけですが、多少違った視点から、今少しお話してみたいと思うのであります。と申しますのも、この世において何が一番大事だといっても、神の問題ほど重大な問題はないともいえましょうが、それだけにまた、これほど至難な問題はないからであります。

ところで、神に関する解明が困難だとせられることの一例として、わたくしには、かの中世において盛んに行なわれた「神の存在論的証明」といわれるものが、思い浮かべられるのであります。これはまた、時には「神の本体論的証明」とも呼ばれることもあるのであります。ではそれは一体どういうものかというに、そもそも神が「最完全者」である以上、その完全性という中には、もちろん「存在」という属性も、必然に内包せられているはずだというのであります。それゆえ万一神が「存在」しなかったとしたら、それは存在という属性を欠くゆえ、「完全」とは言えないわけである。かくして神は絶対に存在すべきである——云々というのであります。

しかしながら、今わたくしから考えますと、われわれ人間が神の存在を知るには、何もこのようなギコチない論証をする必要は、一切無用だと思うのであります。というのも、われわれ人間は、毎朝眼が覚めた瞬間に、この自分は、七、八時間という長い間、眠っていたわけですが、その間一瞬の休みもなく、このわたくしの体内の「血」を循環させていたのは、一たい何物かといったらどうでしょうか。同様のことはまた、呼吸についても言えるのでありまして、もし人がひとたびこの点に気づいたならば、ただただ恐れ入る他ないのであります。しかもこれらの事柄は、何人にも直接分かる事柄なのであります。すなわち血行にしても、はたまた呼吸についても、何人も否定し得ない現実の事実でありますが、しかしこれらの他にも、なお胃や腸の作用《はたらき》にしても、あるいはまた肝臓や腎臓の作用《はたらき》など、いずれもわれわれ人間の身体の一切の生理作用を統一している根本力は、一体何と考えたらよいでしょうか。それは根本的には、結局「神」とでも名づける他ないでありましょう。

しかもその上、さらに驚くべきことは、以上はただこの「わたくし」という一人の人間を支えているものについて申したに過ぎませんが、しかしこのように、この「わたくし」という一人の人間の生命を支えている根本「力」は、わたくし一人に限られているわけではなくて、わたくし以外にも、わたくしの全家族の生命を支えているわけであり、さらに、わたくしの家族どころではなくて、実に全日本民族の生命を支え、さらには全人類の生命をも支えている無限絶大な「力」といってよいでしょう。否、それはひとりわれわれ人類を生み、かつそれらを支えているのみでなく、この地上に「生」をうけている一切の動植物の生命に至るまで、それらのすべては、この無限絶大なる根本力によって支えられているのであります。否、それはさらに、このような「生」ある事物のみに限らず、一切の無生物に至るまで、その全存在は、この無限絶大な「力」によって支えられているのであります。否、それは天体中では、極微の一存在に過ぎないこの地球上の一切の事物が、この「力」によって支えられているのみならず、さらに無限絶大な広袤《こうぼう》に及んでいる諸もろの無量の天体すら、結局根本的には、かかる絶大な「力」によって、支えられていると考える他ないのであります。

そこで、以上わたくしの述べた事柄が、もし事実だといたしますと、これを逆観する立場に立ちますと、結局この地球上の万物はもとより、この無限絶大なる広袤《こうぼう》無辺な大宇宙そのものも、またその間に存在する無量の天体さえも、それらを創造し、かつ存在せしめているものは、結局、そのような絶大無限なる大宇宙の根本力の外にはないわけであります。そこで今便宜上、かかる無限な「力」に対して仮りに「神」というコトバを用いるとすれば、結局この全宇宙の一切の事物は、根本的には、ついに神の創造によると考える他ないわけであります。少なくともわたくし自身は、かく信じかく考えて生きる他に途《みち》がないのであります。

しかし、ここにはこの点に関してわたくしは、この際ついでに一つの誤りやすい点について申して置きたいと思います。それは何かと申しますと、われわれ東洋的世界の伝統としては、そのような無限にして絶大なるものに対しては、ともすれば、これを「無」とか「空」というコトバによって、表現する場合が少なくないということであります。随って、それと今申してきた「神」とか「絶対者」という場合、それとかかる絶大無限なる力とは、一たい如何なる関係に立つかという問題でありまして、これはある意味では、ひじょうに重大な問題といってよいでしょう。

では端的にいって、わたくし自身はこの点に対して、一体どのように考えているかと申しますと、この点に関するわたくしの考えは、大たい次のようだと申してよいのであります。というのは、かような無限にして絶大なるものに対して、これを「無」とか「空」とかいうとき、それはかかる絶対的生命を対象化しないで、いわばわれわれ自身の主体の奥底を通じて、直接に把握する立場といえましょう。すなわちそれは、単に「何も無い空しいもの」というのでは断じてなく、どう表現してみても、表現し切れないという意味なのであります。同時に、このように主体の立場を重視するところに、古来東洋における思想の把握様式の、根本的な特色があるわけであります。もっとも西洋においても、「無」という概念がないわけではありません。しかしながら、それらの大方は、対象的な客観界において、何物も存在しないという意味で使われている場合が大部分であります。すなわちそれは、文字通り何物も無いということであって、東洋におけるように、主体の根源にある絶対者として、絶対に対象化して捉えるわけにゆかないために、やむなくこれを「無」とか「空」と呼ぶというのとは、まったく正反対の極といってよいのであります。ですからわたくしは、これを区別するために、東洋の無が「主体的無」であるに対して西洋的無の概念に対しては、とくに「対象的無」という名称で呼ぶことにしているのであります。

かくして東洋では、「神」というコトバさえ、その対象化を恐れて、これに対して「無」とか「空」とかいうコトバの用いられる場合が少なくないわけであります。しかしながら、いつも申しているように、物みな長短があるわけで、このような「無」とか「空」というコトバの濫用は、やがて「無」とか「空」

というコトバ自身の意味する、真の内容を失わせる場合も少なくないのであります。すなわち無限絶大なる生命――あるいは「力」――を、われわれ人間の主体の奥底を通して把握しないで、こうした哲学的概念を、ともすれば安易に使用する傾向がないでもないのであります。

ではついでに、そのような、いわば内容なきにせの「無」や「空」と、本物の「無」や「空」とは、一たいどうしてこれを見分けたらよいのでしょうか。その点については、真の「無」や「空」は、先ほど来申して来たように、それは無限にして絶大なる生命を、自己の主体的生命の奥底において、直接それに触れていますから、その人自身の生き方に、非常な力強さがあるわけであります。随ってもしその人が、真の宗教家ないしは哲学的思想家の場合には、絶対無限なる絶対者の創造作用が、いわばその人に乗托して、無限の創造活動となり、次々と独自の表現活動となるはずであります。そしてそのようなものの最も顕著な一例は、近いところでは西田幾太郎博士などの場合を挙げることができましょう。が同時に、西田哲学の亜流の場合には、たとえそれらの人びとが、「無」とか「空」などというコトバを使っていても、そこに大した創造活動が見られなかったとしたら、それらの「無」とか「空」という概念は、真の主体的充実を欠く証左といってよいでしょう。

以上わたくしは神と、神によって造られた万有との関係について、その一端をお話したわけですが、しかしそのために、肝心の人間存在であるわれわれ自身に関する考察が、やや手薄になったかの感があるのは遺憾であります。それというのも、われわれ人間は一切の被造物中、一種特別な位置を占めている存在だからであります。現に「聖書」にも、神は人間をご自身に似せて造り給うたと記されていますが、しかしこれは一体どのように解したらよいのでしょうか。それについて、わたくし思いますのに、われわれ人間は、もし心すれば、ある程度神の御心を推し測ることのできる可能性が、賦与せられているということではないかと思うのであります。

では一歩をすすめて、神はわれわれ人間に対し、そのために如何なるものを与えて、神の御心を推察せしめようとしているのでしょうか。しかしこの点に関しては、わたくしの考えでは、実に慎重を要すると思うのでありまして、もしそれを一歩誤ったとしたら、実にゆゆしい結果を引き起すことになろうかと思うのであります。ではこの際、一おうの正しい答えとは何かというに、それは、神はわれわれ人間に対して、理性と理性の自己反省としての、内観的自省の能力を恵んでいられる点だと思うのでありまして、もしそれを知らずに、ただ神はわれわれ人間に対して、理性を賦与せられたというだけでは、どうも誤った考えだろうと思うのであります。それというのも、単なる理性知のみで、理性の自己反省と、その魂の内観自省を怠ったならば、その場合いわゆる理性知というものは、まったく悪魔的な知慧ともなりかねないからであります。

今このように考えて来たとき、わたくしにはどうも西洋人種というものは、一般に理性知においては、卓れていて、そのために自然科学的真理の発見とその応用という点では、無比の卓越性を発揮してきましたが、しかし今や原爆の発明という理性知の悪用の極限に達したために、人類そのものの運命が、絶体絶命処まで追いつめられているわけであります。それ故われわれ人類は、今やかかる極限的状況から脱出するためには、どうしても理性知自身の根本的な自己反省としての、宗教的内観を不可避とする段階に到達したと思うのであります。もちろん、そのような理性知自身の自己反省の要は、キリスト教自身においても、深く教えていることではありますが、しかしそれには、神を以って至高の絶対者というだけでなくて、神は一切の人間的な限定を超絶する点からは、またこれを「無」ないしは「空」という絶対否定によって、一切の相対的限定を撥無《はつむ》するという、東洋的英知の参加する必要が自覚せられる段階が、近づきつつあるといってよいでしょう。同時に今や全人類がその当面しつつある絶滅の危険から免れる途は、それ以外にはないと思うのであります。そこで最後に、古来この「無」とか「空」というコトバが、いかように捉《とら》えられていたかを示すものして、左に至道無難禅師の道歌二種をご紹介して、本日の話を終ることにしたいと思います。

○いきながら死人となりてなりはてて　おもひのままにするわざぞよき

○身も消えて心も消えてわたる世は　つるぎのうへもさはらざりけり

第七講――死　生　観

道服姿の名児耶先生、今日も校長先生の先導でご入場になり、おもむろに登壇、一礼の後、今日のテーマをお書きになり、ついで次のようなテキストをお読みになられた。

㈥　**まことの道は世を益するにあり**

神・儒・仏の書、数万巻あり。それを研究するも、深山に入り坐禅するも、その道を上り極むるときは、世を救い、世を益する外に道はあるべからず。もし有りといえば邪道なるべし。正道は必ず世を益するの一つなり。たとえ学問するも、道を学ぶも、ここに到らざれば、葎・蓬《むぐらよもぎ》のいたずらにはい広がりたるが如く、人生に用無きものなり。人生に用なき物は、学ぶに足らず。広がれば広がるほど、世の害なり。幾年の後か、聖君出でて、かくの如き無用の書を焼き捨てる事もなしというべからず。焼き捨てる事なきも、荒蕪《こうよ》を開くがごとく、無用なる葎・蓬を刈り捨て、有用の道の広まる時節もなしというべからず。

真の学問は、それを窮めた上は、世の中の為に役立つようでなければならぬ。そしてそれは、宗教の場合にも同様である。もしそうでなかったならば、それは邪道であり、誤った学問宗教といってよい。そのような誤った学問や宗教は、むぐらやよもぎなどが生い茂ったようなもので、人の世の益には立たない無用の長物である。否、ひとり役に立たないばかりか、害を為すものである。現在の世の中には、そうした無用有害な書物も少なくない云々と。まるで現在のような雑書・悪書の氾濫時代を思わすような、警世の言を為していることは、注目すべきことであって、やはり達人の言というべきでしょう。

前回には、前々回に引きつづいて、神の問題についてお話し申したわけですが、しかし神というコトバ自身が、今日のような時代には、人によっては受け入れられない人もあるようであります。それゆえ、そういう人びとには、必ずしも初めから「神」というコトバを用いなくても構わぬわけであります。それ故、そういう人びとに対しては、「大宇宙生命」といってもよいでしょうし、あるいはまた同じような言葉ですが、「大宇宙意志」といってもよいでしょう。あるいはまた、トインビーの如きは、近ごろ公にされた「未来を生きる」という書物の中では、「大宇宙の背後にある高次の精神的実在」というような表現をしているのであります。このように、その名称はそれぞれ違いましても、とにかくこの大宇宙の背後というか、むしろその根底には、ある絶大無限な「力」の存在を予想せずにはいられないのでありまして、そうした処に、実はわれわれ人間における宗教心の芽生えがあるわけであります。

ところで、そうした宗教心においては、一般に求められる対象としての絶対者が問題になるのは、申すまでもないところであります。しかしながら、真の宗教心にあっては、同時にもう一つの重要な点として、「死生観」というものが、問題となってくることは、皆さん方もある程度はご存じといってよいでしょう。否、われわれ人間の宗教的希求としては、むしろこの「死生観」のほうが、より深刻な問題と考えられるのが常であります。では、それは一たい何故でしょうか。

そもそも宗教においては、このように「死生観」の問題が重視せられるのは何ゆえかというに、それは今さら申すまでもないことながら、「死」はわれわれ生物にとっては、その現実的生命の断滅を意味するからであります。現在ここにいられる皆さん方の中には、親ごさんとか、あるいは兄弟というように、ごく親しい身内の人を亡くされた方も少なくないかと思います。そしてそういう方がたにとっては、「死」がわれわれ人間の世界において、如何に悲痛極まりない深刻な事象かということを、それこそ骨身に徹して痛感していられることでしょう。実際肉親の死というものは、世間の人びとが大方忘れ去った頃から、かえって深刻に、その寂寥感が深められてくるといってよいのであります。

そしてそのような場合、悲痛感の一ばん中心になるのは、いかなる方法を以ってしても、この地上においては、二度とふたたび逢うことが出来ないという、絶対の断絶感なのであります。実際そうした人びとにしてみれば、ほんの一瞬でもよいから、当の本人が甦ってきて、この悦びを知ってもらうことが出来たら――という切なる希求を抱くわけですが、しかもそうした切実極まりない希求さえ、絶対に聞き入れられないというのが、「死」というものの絶対性なのであります。同時にこのような、いわば絶望的な悲痛感というものが、われわれ人間をして、彼岸を憶念せしめるといってよいでしょう。すなわち「もうあの世へ行って逢う以外には途がない」という、現世における絶対的遮断感こそ、われわれ人間に、それを越えて彼岸を希求し憶念せざるを得ないように導くといってよいのであります。

われわれ人間は、このように、死者との絶対の遮断感というか断絶感による、幾たびもの深刻な経験を重ねることによって、しだいに「死」に対して、無限の恐怖感を抱くようになるのであります。そしてこのことは、かの幼い子どもたちが、自分の親に今目の前で死なれていながら、そしてそのために、今後生涯にわたって、自分の上に投影せられるであろう運命の暗さをも知らずに、葬式のために人びとが沢山集まっているのを見て、嬉々として悦んでいるその頑是《かんぜ》ない姿が、かえって人びとの涙を誘うゆえんであります。

しかるに人間は、その長ずるに及ぶや、しだいに「死」というもののもつ意義が分かりかけるわけですが、それと共に、死という地上的生の絶対的断絶に対して、深い恐怖感を抱くようになるのであります。それゆえ古来われわれ人間の間で、「死」の問題が重大とされてきたのは、もとより当然のことでありますが、同時にそこには、死というわが「生」の絶対的断滅に対する悲痛と共に、それに伴う恐怖感とが、相互に重なり合っているのであります。否、現実の問題としては、死によるわが「生」の絶対的断滅に対する認識よりも、むしろそれへの予感としての恐怖感のほうが、人びとをして死の重大性を痛感せしめる上で、より大きな主要因を為しているといってよいでしょう。すなわち死そのものは、最厳密にはホンの一瞬の出来事に過ぎないにも拘らず、それが万人に恐怖せられるのは、それによって結果するその人の「生」の絶対的断絶、ならびにそれに対する予感的な恐怖心こそが、古来死が人類において最重大視せられてきたゆえんだといってよいでしょう。

さて、「死生」の問題ですが、それについては結局死後の問題、すなわち「人は死んでからどうなるか」

という問題と、もう一つは、われわれ人間は、自己の死を覚悟することによって、生きることの上にどれほどその自覚が深められるかという二つが、重大な点といってよいでしょう。そのうち前者、すなわち「人は死んでからどうなるか」、さらには「人は死んだら何処へ行くか」という問題ですが、これに対するわたくしの答えは、結局「われわれ人間は、死ねば生まれる以前の世界へ還ってゆく」と考えているのであります。あるいはまた「われわれは、ひとたびこの地上の生が絶えたら、わが身をこの世へ派遣したものの処へ還ってゆくのだ」というわけです。それ故わたくしにとっては、結局死は、生まれる以前のわが「魂の故郷」へ還りゆくこと、としか考えられないのであります。したがって、現在のわたくしにとっては、死はそれほど絶対的な恐怖ではなくなったのであります。それ故また、死を無限の恐怖と考えるのは、「死によって自分は絶対の虚無の中へ消滅していくのだ」と考えているからでありまして、わたくしのように、死によってわれわれは、この世へ生まれ出る以前の魂の故里へ還って行くのだと考えますと、死に対しても、世間の人びとが考えているほどの深い恐怖感はないわけであります。ですから現在わたくしにとって死が問題となるのは、それまでに自分のなすべき仕事を、出来るだけ片づけて置きたいと思うだけであります。それはちょうど、この世へ派遣せられた者としては、その命ぜられた使命を、十分に果たしておく必要があるというのに似ているともいえましょう。あるいはもっと身近なたとえで申しますと、旅立ちの前にタクシーに電話して、車の来る直前までわれわれは、それまでに整えておいた旅の荷物を、もう一度確かめて、静かに車の来るのを心待ちしているような心境だといってもよいでしょう。

しかしながら、これはわたくしのように、すでに人生の半ばを越える年ごろまで生かされてきた者ですから、このような死生観にも、どうにか到達することができたわけであります。ところが、皆さん方のように、前途のある人びとの場合には、まだ若いのですから、死を迎える心がまえのできている人は、ほとんど絶無といってよかろうと思います。同時にそれだけに、いま突然死に見舞われる人の場合を考えますと――皆さん!! そうしたことが今日絶対に無いとは言えないのです――ほんとうに何とも言いようのないお気の毒な感がいたすのであります。同時にまたそれ故にこそ、こうしてわかい皆さん方には、あまり歓迎されないであろうことは十二分に承知しつつも、なおかつこのように、「死の問題」を取り上げた次第ですが、こうしたわたくしの微衷が、皆さん方に、はたしてどの程度汲んで頂けるものでしょうか。

それ故わたくしとしては、この辺でもう一度話を元へもどしてみたいと思います。では、それはどういう事かと申しますと、「死」がこの世からの永久の断絶だということは、皆さん方としても十二分に知っていられる事柄であって、それ故にこそ皆さん方も一人残らずの人が、死に対して恐怖感をいだき、極力これを避けたいと思っていられるわけであります。しかしながら、皆さん方が、たとえどのようにこれを恐れて避けようとされましても、来る時には来るのでありまして、絶対にこれを避けることはできないのであります。

そこで、万一皆さん方が、そういう立場に当面されたとしたら、その場合皆さん方として可能な、死を迎える心の準備とは、一体いかなることでしょうか。これこそは、現在の皆さん方にとって、最も大切な重大事かと思われるのであります。ではそれはどのようなことかと申しますと、先にも申したことですが、人は死後いずこへ行くかという問題であります。宗教によっては、たとえば禅宗などのように、死後の問題など、われわれ人間に分かるものではないとして、一切触れない宗教もあるようであります。そしてそういう宗教も、もしそれで安心のできる少数の卓れた人びとには向くでしょうが、しかしわれわれ凡夫の多くは、やはり死後われわれの行くべき世界が、全然問題にならぬというほどに、わたくし自身をはじめとして偉い人間ではありません。

そこで、「では、お前は死んだら、どういう世界へゆくと考えているのか」と尋ねられれば、わたくし自身は、先ほども申したように、「それは、われわれがこの世へ生まれ出る前の世界に還ってゆくのだ」と考える他ないのであります。そしてそれをどのような世界と考えるかは、各人の自由だと思うのであります。随ってその世界を、高天原と考えようが、はたまた極楽や天国と考えようが、それは各人の自由に委せるとして、とにかくわれわれが、人間としてこの世に派遣せられたものである以上、その任務が終われば、本《もと》の故郷へ還ると考えるのは、きわめて自然なことだと思うのであります。随って人は、この点に関して、真の安心というか、信念が揺るがなかったら、死に対しても、それほど血迷うことはあるまいと思うのであります。

ただ、それは、先ほども申したように、ある程度この人生を生きて、かつ死に対しても、このような一種の信念を抱き、かつそれまでの人生を、そうした信念にもとづいて、比較的充実して生きて来た人は、死に対しても、それほど戸惑うことはないともいえましょう。しかし皆さん方のように、みんなまだ若くて、そのために唯今わたくしの申したように、死の問題、つきつめて申せば、「死して後われ何処へ行くか」という問題に対して、まだ確信の得られないうちに、突然死に見舞われる人びとのことを思いますと、何ともいえない痛ましい感がするのであります。そしてその事がわたくしをして、皆さん方からはあまり喜ばれないテーマだろうとは重々承知しながら、あえてここに死の問題を取り上げて、多少お話をすることにしたゆえんであります。

しかしながら、最後に一言申したいことは、「死して後何処にゆくか」という問題は、皆さん方がこれから真剣に求められれば、ある種の信念の得られることは、わたくしは確信してよいのであります。それはある意味では、むしろ早ければ早いほど良いともいえましょう。何となれば、皆さん方はまだ若いのであって、魂の柔軟な青春時代だということは、その心が純粋で、まだ世俗のチリによって汚されていないということだからです。その意味からは、「死生の問題」というような人生の根本問題について考えるには、むしろ最も適した年頃といってもよいでしょう。

第八講 —— 彼岸の問題

道服姿の名児耶先生は、今日も校長先生の先導でご入場になり、おもむろに登壇。一礼の後、今日のテーマを記され、ついで次のテキストをお読みになられた。

(七) 報徳は無用の物を求めざる修業を要す

翁曰く、衣は寒を凌《しの》ぎ食は飢を凌ぐのみにて足れり。その外はみな無用の事なり。官服は貴賤を分つ目印にて、男女の服はただ粧《よそお》いのみ。婦女子の紅白粉と何ぞ異らむ。紅白粉なくとも、婦人にてあれば、結婚に支《つか》えなし。飢を凌ぐための食、寒さを凌ぐための衣は、知愚賢不肖を分たず。学者にても無学者にても、悟りても迷うても、離るる事はできぬものなり。これを備《そな》うる道こそ、人道の大元《おおもと》、政治の根本なり。予が歌に「飯と汁木綿着物ぞ身を助く、その余は我を責むるのみなり」と詠めり。これ我が道の悟門なり。能くよく徹底すべし。

人間生活を、トコトン突きつめてゆくと、結局は、食物と衣類ということになって、それ以外の物は、無ければ無くても済むのである。つまり、飢をしのぐための食物、寒さを防ぐための着物ということになると、知恵の有る無しや、身分のいかんなどは、問うていられないわけである。つまり、学問があろうがあるまいが、悟っていようが迷っていようが、一切頓着なく、絶対に欠くわけにはゆかないのがこの二つの物である。そしてこれを備えるのが、人間界における最大問題であり、政治の要諦である。自分の「飯と汁」の歌は、この趣きを詠んだものである。――という程の意味であって、ここに翁の思想信念の、無比の手堅さの根本があるといえましょう。

すなわち、人間生活というものの最後の基盤は、結局は、衣・食・住の三つであって、これら三者の原点に立ち還って、考え直して生きることが大事だというわけです。随って、尊徳翁のこの「飯と汁」の歌は、ある意味では、人生最強の生き方を教えているともいえましょう。


前回には、「死生観」と題して、主として死の問題について、わたくし自身の考えをお話し申したのでありますと申すのも、普通に「死生観」といっても、その重心はやはり「死」の方に置かれているといってよいと思われますので、私もどちらかといえば、死のほうに重点をおいてお話したつもりであります。ところが、このように「死」の問題について考える以上、どうしても引きつづいて「彼岸」が問題となるわけであります。すなわち、われわれ人間は、死後いかなる世界に行くかということが、どうしても問題となるわけであります。そこで、今日は引きつづきこの「彼岸」の問題について、考えてみたいと思うのであります。しかしながら、この彼岸の問題については、事柄の性質上、いろいろ問題があるかと思われますので、それらの点についても、多少立ち入って考えてみたいと思います。

そこで、さしあたり「彼岸」の問題について、どういう点が問題となるかと申しますと、それはある意味からは、「信」の問題だといってもよいわけであります。それというのも、一たん死んだ人間が、あの世からこの世へ還って来て、あの世の様子を報告したということは、これまでかつて無いことだからであります。随って、一たいあの世というものが「あるかどうか」という点についても、疑えばいくらでも疑える問題なのであります。それどころか、あの世が「有る」ということを証明することの方が、「無い」というよりも、はるかに困難だといってもよいでしょう。だがそれにも拘らず多くの宗教は、がいしてあの世の存在について説き、「彼岸」の実在を力説する宗教の方が多いといってよいでしょう。

そこで、試みに二、三申してみますと、釈尊自身は、死後のことについては有るとも無いとも、明確にはおっしゃっていられないのであります。これは皆さん方には、あるいは意外かも知れませんが、しかし、元来これが一ばん正しいというべきかも知れません。という意味は、有るとも無いとも分からぬから、ウカツなことはいえぬなどということではなくて、死後の問題というものは、有るといっても無いといっても、どちらも真実を伝えることは不可能だからであります。ということは、言いかえますと、「彼岸」が有るとか無いとかいう問題は、物が有るとか無いとかいうのとは、全然次元の違う世界のことだからであります。ですから、それをへたに有るとか無いとか知った顔に申しますと、心なき人びとの多くは、その真意を解しえないために、間違って受け取ることになりやすいからであります。すなわち、物が有るとか無いとかいうような、普通の意味での有・無の問題と、受けとられ易いからであります。そしてそのために釈尊は、先ほど来申しますように、われわれ人間の死後については、有るとも無いとも、ハッキリとおっしゃらなかったゆえんかと思われるのであります。

ところで、この点について思い出されるのは、道元禅師でありまして、その著「正法眼蔵」の「生死」の巻には、「ただ生死《しょうじ》即ち涅槃《ねはん》と心得て、生死としていとふべきもなく、涅槃としてねがふべきもなし。

この時初めて生死を離るる分あり」といっていられるのであります。しかしこれだけでは皆さん方には、もうひとつハッキリしないでしょうが、しかし次のコトバ、すなわち「生といふときには、生よりほかにものなく、滅といふとき、滅のほかにものなし。かるがゆへに、生きたらばただこれ生、滅来らばこれ滅にむかひてつかふべし。いとふことなかれ、ねがふことなかれ」とありますが、これらのコトバは、結局、われわれ人間として現われている生命の根本は、永遠なる宇宙生命に他ならぬと見てのことから来ているのでしょう。それゆえ、こうした立場から見れば、生・死といってみても、結局それは仮りの姿だということになりましょう。随って、生・死という問題について、あまり深く囚われない立場がとれるようにもなるわけであります。

さて以上のような立場は、大観すれば結局、仏教における禅の立場だといってよいでしょう。そしてそこでは、われわれ人間が、その死後にゆく世界とか、あるいは死後迎え取られる、いわゆる「彼岸」というような問題も、もしこれを真に根本的に考えたならば、結局はこういうことになるかと思われるのであります。

ところが、同じ仏教の中でも、いわゆる浄土門と呼ばれる系統においては、これとはその趣きが根本的に違うのであります。すなわち、この浄土系の教えによりますと、篤信の人は、死ねば必ず極楽浄土に迎えとられるという信仰でありまして、そこには単に道理だけで物事を片づけないで、われわれ人間の情意の世界というものを、重視するところから生まれた信仰といってよいでしょう。それゆえ法然から親鸞へと伝えられた、この浄土系の信仰においては、普通に理知を主とする立場では、とり上げられない「彼岸」の問題が、きわめて重要な問題となっていることも領《うなず》けるのであります。

わたくしは今、浄土系の信仰においては、「彼岸」の存在が、単に否定せられないばかりか、非常に重要な問題とせられていると申しましたが、それは結局、われわれ人間存在については、単なる理知だけでは捌《さば》けないからであります。そしてこの点が最も端的に伺えるのは、禅との対比であって、禅の立場では、「現在」こそが一切であって、死後などというものは、ほとんど問題にせられないのであります。それ故スッキリしているといえば、これほどスッキリした立場はないともいえるわけで、そこには何らの後腐れがないともいえましょう。同時に、ここに禅の立場が、いずれかといえば男性的であって、ご承知のように、わが国では鎌倉時代に盛んになって、武士の間に多くの帰依者が輩出したのも、そこにある種の必然があったともいえましょう。

これに反して、浄土系の信仰においては、死後「彼岸」としての極楽への往生が希求せられるということは、そこにはやはり、人間存在の有限性への自覚というものが、うらづけられているからでしょう。すなわちわれわれ人間が、死と共に永遠なる宇宙生命の本源に還るというだけでは、何か物足りない感じがして、そこに「仏国土」すなわち極楽と呼ばれるような「彼岸」が、清浄の国土として憶念せられ、希求せられるということは、われわれ人間は、単なる理知のみでは満足できず、安んじ得ない人びとの少なくないことが、証示せられていると言ってよいでしょう。そしてそのような人間的希求において、最も深刻切実なものは、すなわち子や親を亡くしたり、あるいはまた、最愛の妻を失った人びとが、自分も死後浄土へ行ったら、そこで今は亡きそれらの親しかった人びとと、再会できるだろうという切なる希求こそ、われわれ人間が、彼岸としての浄土や天国などを欣求《ごんぐ》せずにいられなかったゆえんかと思うのであります。

かくして、宗教的「彼岸」という問題は、単なる人間的知性の立場からは、一おう否定せられる他ないものといってよいでしょう。たとえば、浄土は西方十万億土の彼方にあるとせられていますが、しかし西方というのは、この地球上から考えた時、いずれの方向といったらよいでしょうか。一瞬も留まることなく、無限に回転している地球上、西方などというものが、いわゆる客観的固定的に考え得ないことは、今さら申すまでもないことであります。してみると、極楽浄土という如きものは、いわゆる理知的には、何ら肯定しうる存在でないことは、当然といってよいでしょう。だが、それにも拘らず、浄土教の極楽浄土はもとより、その他キリスト教の「天国」、さらには神道の「高天原」等々、いわゆる「彼岸」への希求が消滅しないのは、そもそも何故でしょうか。思うにそれは、理知的にはその存在を立証しえないにも拘らず、少なくとも心情の上からは、その存在を憶念せずにはいられないからでありまして、そこにわれわれ人間存在が、その有限存在たることを免れえないゆえんがあるわけであります。

では極楽浄土が、西方十万億土にあると憶念せられるのは、そもそも何故でしょうか。思うにそれは、落日の荘厳のうちに、人生最後の大寂定境《じゃくじょう》を連想した古代印度の思想家たちが、死後われわれの行いて落ちつくべき世界を、西方に憶念したが故と申してよいでしょう。同様のことはまた、キリスト教における天国とか、またわれらの民族神観としての神道の高天原等々、それら「彼岸」の教説についても、それぞれにこれらの宗教の発生した時代と、その発生した地域とを踏まえつつ、それらの素純な古代人たちによって希求せられ、憶念せられた「彼岸」への投影像といってよいでしょう。

さて以上を要約して、わたくしたちに言えることは、そもそも宗教的彼岸の観念は、いわゆる知性の立場からはとうてい維持できないにも拘らず、しかもそうした彼岸への欣求と憶念を中心として、人類は古来その宗教的構想を生み出して来たということであります。さらに一歩を進めていえば、それらもろもろの宗教的彼岸の観念は、端的にいえば、この地上の物象に即した、われわれ人間における絶対界への希求の、素朴なる投影像の種々相といってもよいでしょう。そしてこのことは、例えば仏教における極楽に、蓮《はす》の花が多く配せられているのも、仏教の発生の地たる印度に蓮が多かったからといえましょう。

かくして、もろもろの宗教における「彼岸」の観念は、もしわれわれ人間が、純粋に知性の光を照射したとしたら、おそらくは、何れも否定せられ、消えていく他ないものでありましょう。言えかえれば、もしわれわれが、真に生命の直証の立場に立つとしたら――そしてそこにこそ、真の宗教的自証は成立するのでありますが――一切のそうした地上的物象、ないしはそれらに即するわれわれの主観的憶念の投影像は、一瞬にして消失すべきはずであります。同時に、明哲な英知に生きる真の哲人的信の人にとっては、それは多分現実たりうるでありましょう。しかるに、この肉の体をもつわれら凡俗の徒の場合には、このような現実界を超えた永遠の世界も、直下の体認における自証の世界たるに留まり得ないで、何らかの程度において、心的形象を伴う彼岸的投影を介してしか把握しえない処に、われわれ人間存在の有限存在たるゆえんがあるわけであります。すなわちわれわれ有限存在にあっては、自らの肉体に依挹しつつ、それとの所縁を廻ぐって、今は亡き肉親の人びとの投影像の全的払拭《ふっしょく》には堪え得ないものがあるわけであります。そしてそこに、知性的にはとうてい承認しえないにも拘らず、いかに人知が進歩したとはいえ、今なお彼岸憶念の宗教が、その後を断たないゆえんかと思われるのであります。否、それどころか、考えようによっては、むしろ真の宗教的信とは、そのような深い心情的希求をも充たすところに、成立するとさえいえましょう。そしてそれは論理的には、かつてヘーゲルが明らかにしたように、相対を否定してこれと対立する絶対は、それが相対と対立するが故に、かえって真の絶対たりえないで、それ自身また一種の相対に堕するものといってよく、かくして真の絶対とは、かつてひと度は否定した相対をも、さらに自らのうちに包摂するものともいえましょう。

同時に、このように考えて来ますと、これまでわたくしは、二度とない人生ゆえ、休息はあの世へ行けば永久にできるので、せめてこの世にある間は、最後の一呼吸まで、わが為すべきことを為して死にたい――と考えて来ましたが、しかし真に民族を憂え、教育界を憂えたら、たとえあの世へ行ってからも、その祈念を持ちつづけ、もし叶うことならば、さらにもう一度この世に生まれ育って、己が微力を尽くしたいという希求も、かの「彼岸」において大安楽を享受しようとするのと比べて、何ら卑下するに及ぶまいかと、近ごろ考えるようになりつつあるのであります。

第九講 ―― 種々の不滅観

道服姿の名児耶先生には、今日も校長先生の先導でご入室。おもむろに壇に上がられて一礼の後、今日のテーマを記され、次のようなテキストを読まれた。

㈧ **報徳は至誠と実行なり**

翁曰く、わが道は至誠と実行のみ。ゆえに鳥獣・虫魚・草木にもみな及ぼすべし。いわんや人におけるをや。ゆえに才知弁舌を尊まず。才知弁舌は、人には説くべしといえども、鳥獣草木を説くべからず。鳥獣は心あり、或は欺くべしといえども、草木をば欺くべからず。それ我が道は至誠と実行なるが故に、米麦・蔬《そ》菜・茄子《なす》にても蘭菊にても、皆これを繁栄せしむるなり。弁舌をふるって、草木を栄えしむることは出来ざるべし。ゆえに才知弁舌を尊まず。至誠と実行を尊ぶなり。古語に、至誠神の如しと言うといえども、至誠則神というも可なるべきなり。およそ世の中は知あるも学あるも、至誠と実行にあらざれば、事は成らぬものと知るべし。

前回まで読んできたのは、いわば尊徳翁の哲学的な立場だといってよいでしょう。ところが、この辺から多少問題が展開してくるのです。というのも、翁の世界観、人生観の根本は、㈠至誠と㈡実行の二つである。随って、才知や弁舌は必要でない――とせられるわけです。何となれば、才知や弁舌は、人間を相手にする場合には役立つとしても、動植物を相手とした場合には、何の役にも立たないからです。それ故、尊徳翁は、自分の道とする処は、㈠至誠と㈡実行だから、米や麦はもちろん、野菜の類に至るまで、みな繁栄さすことができるというわけです。最後の辺の「弁舌をふるって草木を栄えしむることは出来ざるべし」というあたりは、何ともいえない辛辣《しんらつ》さですが、それだけに、もっとも端的に翁の真理観を示しているともいえましょう。

さて、前回にわたくしは、「彼岸の問題」という題目の下に、「彼岸」、すなわち普通には「あの世」と呼ばれている死後の世界について、ひとわたり自分の考えをお話したのでしたが、しかしこれはなかなかむつかしい問題だと思うのであります。げんに相当の人でも、この彼岸という問題に関しては、一体どのような考えを持っているかという点になりますと、自分の考えをハッキリと述べている人は、意外なほど少ないのであります。同時に、これはまたひじょうにデリケートで、微妙な問題だからともいえましょう。宗教の問題は、色いろと困難な問題が多いわけですが、それらの中でも、この「彼岸」の問題について、十分納得のゆくように書かれた書物は、意外なほど少ないようであります。

そこで、今日は引きつづいて、この「彼岸」の問題とも深い関連のある「永生の問題」というか、あるいは「霊魂不滅観」というか、とにかくそうした問題について、考えてみたいと思うのであります。随って、今日の問題は、考えようによっては、前回の問題よりも一そう困難な問題であると共に、ひじょうに微妙な問題だと思うのであります。ところが、前回の「彼岸の問題」にしてもそうでしたが、とくに今日のように「永生の問題」とか、さらには霊魂不滅観とかいうことになりますと、いっそうデリケートな、そして微妙な問題になるわけであります。随って以下、わたくしのお話することが、皆さん方によって、はたしてどの程度受け入れられるかどうか、はなはだ覚束《おぼつか》ない気がするのであります。しかしわたくしからいえば、問題がデリケートなだけに、実はいっそう重要な問題だとも考えるわけであります。しかるにこの点に関しても、どうもわたくしの納得のゆくように説かれた宗教書は、意外に少ないように思うのであります。

そこで、まず最初に申し上げておきたいと思うのは、この問題に関しては、「永生の問題」とか、あるいは「霊魂不滅観」とか、その他いろいろな名称があるということであります。同時にいつも申すように、同じ事柄のように考えられる問題でも、そこに色いろと違った名称があるということは、結局その内容の上に、微妙な相違のあることを示すものといってよいでしょう。そこで、本日わたくしが取り上げてみたいと思うこの問題についても、われわれ人間は、死後いったいどうなるのだろうかという問題でありますが、しかもその点についても、古来色々な考え方があるようであります。

それらのうち、まず第一に考えられますのは、人間はひとたびこの肉体的生命の、最後の呼吸が絶えますと、われわれの屍体は、徐々にその腐敗と解体が始まるわけでありまして、この点はいかなる聖者や悪人とても、全く同様なのであります。そしてこの点は、以下幾つかの永生観なり不滅観なりを考える場合において、看過できない一つの重大な点だといってよいでしょう。すなわちわれわれ人間は、この地上における生命が最後の終末を告げますと、遺体としてのその屍体は、徐々に腐敗と解体が始まるのでありまして、この冷厳な事実に対する認識は、その後の考え方がいかように違いましても、ほぼ一致している共通認識といってよいのでありまして、すべてはこの一点を踏まえてのことであります。

そこで、先ず最初に考えられる立場は、われわれ人間は、この肉体的生命の終わると同時に、完全に消失すると考える立場でありまして、これはしいて名づければ、物質的「虚無観」といってよいかと思います。すなわち、われわれ人間の生命は、この肉体的生命の終わると同時に、完全に消滅するという考えであります。現在このような考え方を明確に持っている人は、比較的少ないとしましても、かなりな数の人びとは、漠然とではあるが、このような考えを抱いているのではないかと思います。とくに現在インテリと称せられる人びとの多くは、この点について、明確に考えてはいなくても、一種の漠然とした虚無観の中に、こうした考えの持ち主だといえましょう。

こう申しますと、実はここにいられる皆さん方自身にしても、こうした考え方の人が少なくないのではないでしょうか。しかしこれは、わたくしから考えますと、まことにお気の毒といったらよいか、どうも何ともいい難い、一種の感慨を禁じ得ないのであります。と申しますのも、このような立場に立つということは、人はその肉体の死と共に、自己というものは、それまで身体を構成していた物質の解体と共に、完全に分散してしまって、自分というものは完全に無に帰すわけですが、こうした点を最後まで突き止めて行く時、はたして人間は、それで真に安んじられるでしょうか。この点わたくしから考えますと、どうも不思議な感がするのであります。

なるほど、こうした純物質的な死生観によっても、もしその人が真に徹底していたら、一種の安心立命が得られぬというわけでもないでしょう。この点について、わたしが痛感したのは、かの大逆事件の中心人物だった幸徳秋水が、死刑を執行せられるにあたり、従容としていたということですが、ご承知のように幸徳は唯物論者でありまして、自分が死ねば、自分の体を構成していた物質は、元の宇宙へ還元すると考えることによって、唯物論的ではあっても、一種の安心立命の境地に達していたらしいのであります。同時に現在でも、このような考え方に、ある程度徹底している人は、必ずしも無いわけではあるまいと思います。

しかしながら、こうした考え方は、かりにある程度それに徹底していたとしても、必ずしも真に正しい考え方といえるかどうか、そこに問題がないわけではないでしょう。それというのも、この立場では生命の問題を物質の次元に引き下して考えているからであります。随って、そのような立場からは、生命の問題は十分には考えられないわけであります。いわんや、個人的生命の死後の問題においておや、といわねばなりません。それゆえ、生命の問題を本格的に考えようとしますと、どうしてもこのような肉体の死と解体によって、自己というものは完全に「虚無」に帰するというような考え方には、どうも賛同し難いものがあるわけであります。

かくして次に考えられる立場は、われわれ人間の生命は、その個人的生命の死によっては、必ずしも完全に消滅するとはいい難く、その肉体的終末を告げると共に、それはその本源としての大宇宙生命に還るという考え方であります。そしてこれは、ある程度無難であり、また至当な考えといってよいでしょう。同時に今日　某《なにがし》かの宗派に属しないで、一種の宗教的「信」に生きている人びとの抱いている永生観は、どうもこの種の考えが比較的多くはないかと思われるのであります。

ところが、これに対して人間の霊魂は、この肉体的自己は消失しても、なおその存在を続けると説く宗教も、少なくないようであります。そしてそれらのうち最も典型的なものは、キリスト教の霊魂観であり、その霊魂不滅観だといってよいでしょう。同時にわたくしには、仏教の各宗派がこの点について、すなわちこの「永生観」を一体どのように説いているか、それらの一々について申している暇はありませんが、しかしそれらのうち少なくとも禅は、このような個人的霊魂の不滅観には立っていないようであります。

では一歩をすすめて、どうしてキリスト教のような、個人的霊魂の不滅と永生を力説する宗教が出現したかというに、わたくしの考えでは、なるほどわれわれの生命は、死と共に消滅はしないとしても、それが普遍的な宇宙の大生命に還るとすると、自分というこの唯一無二の個性的生命は、完全に消滅するわけですから、そのような無限の寂寥感に堪え難い人びとの切なる希求が、こうした宗教を生み出したと考えることが出来るのではないでしょうか。

しかるに、このように死後においても、なおかつ個人的生命としての霊魂の永生と、その不滅を説く立場に対しては、死は一切の我執からの解放であり解脱であるのに、死後もなお、かかる個人的生の永生を主張する立場は、自らそれと意識はしていないにしても、我執の痕跡を留めるものである。との非難が発せられる場合もあるのであります。しかしながらこのような立場も、いま善意の立場からこれを解するとすれば、それは個性と共に、否、それ以上に、責任を重んじる処からくるといってもよいかと思うのであります。そしてこの点を、もっとも顕著に伺いうるのは、かのキリスト教における最終審判説だといってよいでしょう。

今このように考えて来ますと、われわれ人間の生命は、個人としてはその肉体的生命の消滅と同時に、消滅するという立場は、いずれかといえば、知を重んじる意志の立場といってよく、事実その代表的なものの一つである禅の立場は、かかるものといってよいでしょう。しかるにこれに対して、死後においても、なおかつ個人的な霊魂の不滅を信じる宗教に対して、これを単に知性の立場から、我執の痕跡を留めるものとは、簡単には言い切れない場合もあり、そしてそれは上に述べたように、キリスト教における霊魂不滅観であって、それは全く責任を主とする立場といってよいでしょう。随ってわたくしとしては、その間にわかに、是非・優劣を言い難い感がするのであります。そして結局最後はその人その人の、最終的決定にまつ他あるまいと思うのであります。

さて以上わたくしは、普通に永生観、ないしは霊魂不滅観に関して、ひと通り述べてみたわけですが、しかしわたくしは、今ひとつの不滅観として、「歴史的不滅観」ともいうべきものについて、申しておきたいと思うのであります。それはわれわれ人間は、死と共に始まる肉体の解体と共に、その人の持っていた一切が、「虚無」に帰するとの考えには組みしえないが、同時に、死と共に人間生命は、その本源たる宇宙生命に還るという考えにも、どこか観念的な処があって、十分納得し難いものがあり、さればといって、個人の肉体的生命は消え去っても、その霊魂は永久に不滅であるという信仰にも到りえないという、ある種の人びとの信ずる不滅観でありまして、それはどういうものかと申しますと、なるほどわれわれは、この肉体の死と共に消え去ることは確かであるが、しかしその人が、その生前接した人々の心の鏡面に刻んだその人に対する思い出、及びその人の生存中に為した事業のもつ意義は、多くの人々の上に、豊富かつ複雑な印象を残すわけであって、それはあたかも歴史という絶大な織物の中に、一筋の糸として織り込まれるようなものだという考え方でありまして、これなら唯物論的な虚無主義者といえども、否定はしないだろうと思うのであります。すなわち、われわれが周囲の人びとに対して与えた影響は、微妙かつ複雑に、それらの人びとの生活と言動を通して、横に無量の波紋を拡げつつ、さらに縦に時間的にも、永く生きつづけてゆくわけであります。すなわち、わたくし自身は亡くなりましても、わたくし自身がこの地上の生活において接した縁《ゆかり》の人びとの上に与えた影響は、極言すれば、横に拡がると共に、また縦にも無窮に継承せられて、生き続けるわけでありまして、これわたくしが「歴史的不滅観」と呼んでいるものなのであります。同時にこれならば、如何なる人からも、少なくとも否定はされないではないかと思うのであります。

とにかく以上述べてきたように、われわれ人間は、その人なりに、自分の生命の永生観をもつ必要があり、そうでなければ、真に徹底して力づよく、この世の「生」を充実して生きることは、不可能ではないかと思うのであります。しかしこれらのうちどの立場をとるかについては、それぞれの人の個性に応じて全く自由だと思うのであります。

第十講——念々死を覚悟しはじめて真の「生」となる

道服姿の名児耶先生は、今日も校長先生の先導でご入室。そしておもむろに登壇。一礼の後、今日のテーマを記され、次のテキストをお読みになる。

(九) 聖人は大欲

翁曰く、世人みな聖人は無欲とおもえども然らず。その実は大欲にして、その大は正大なり。賢人これに次ぎ、君子これに次ぐ。凡夫の如きは小欲のもっとも小なるものなり。それ学問は、この小欲を正大に導くの術をいう。大欲とは何か。万民の衣・食・住を充足せしめ、人身に大福を集めんことを欲するなり。その方、国を開き物を開き、国家を経綸《けいりん》し、衆庶《しゅうしょ》を救済するにあり。ゆえに聖人の道を推しきわむる時は、国家を経綸して、社会の幸福を増進するにあり。「大学」・「中庸」等にその意明らかに見ゆ。その欲する処あに正大ならずや。よく思うべし。

これも前回と同じく、これまでの学問観に立って、いわばその応用といってよいでしょう。普通には聖人(儒教における理想的な人間像・具体的には孔子をいう)は、欲のない人間のように思われているが、どうしてどうして、実は大欲を抱いていた人であって、賢人や君子はそれに次ぐというわけ。そして一般凡夫の如きは、その考えるところ、単に自分の一身一家の幸福のみであるから、もっとも欲の少ない人間といってよい。そういう点から考えると、つねに万民のためにその衣・食・住を充たそうと考えていた聖人は、大欲の人だったといえるわけです。つまり、単にちっぽけな自分一人や、わが家の幸せのみを考えている程度の人間は、欲の最も少ない人間だといってよいわけです。

皆さん！　いかがです!!　この尊徳翁のコトバは、実に痛快無比とは思いませんか。ではナゼ尊徳翁が、こうした事をいわれたかというと、それは普通に仏教などで、いたずらに「無欲!!無欲!!」といって、かえって人びとを萎縮させている弊を、よく知っていたからでしょう。仏教にしても「無欲」を説くのは、ちっぽけな個人的な私欲を投げ捨てて、尊徳翁の言っているように、多くの人のためになるような大欲を持つことを理想としているわけですが、「無欲」というコトバの薬が利き過ぎて、人間が萎縮しがちなのを歎かれての教えと見てよいでしょう。

さて前回は、前々回の「彼岸」の問題から、さらに一歩をすすめて「永生」の問題、あるいは「霊魂不滅」の問題についても、一おうわたくし自身の考えをお話した次第であります。しかしながら、この種の問題となりますと、同じく宗教の世界のことといっても、それぞれの宗教ないしは宗派によって、それぞれの趣を異にするのであります。そしてそれに対して、人によってはその宗教の高下、あるいは深浅を問題とする人もあるようですし、またそれはそれで、そういう見方も成り立つと、わたくしとても思わぬわけではありません。しかしながら、宗教というものは、もともと理知的知性の立場をもって、至上とするわけにゆかない点がありますので、わたくしとしても、軽々しく批判的な見解を述べることは、さし控えたわけであります。

同時に、そうした点からして、最後に「歴史的不滅観」というものについても、一言せずにはいられなかったわけでありまして、この立場であれば、如何なる人といえども、これを否定するわけにはゆかないのであります。しかもそれでいて、一種の不滅観だとは確実にいえるのであります。何となれば、それはすでに申したように、われわれ人間の心・身相即的な活動の一つ一つが、その人の接する限りの人びとに対して、しだいに、しかも無限に、縦と横との人間関係を通して、有形と無形、意識的及び無意識的に、その見えない波紋を拡げてゆくが故であります。

ですから、この立場からは、先に述べた処の、死後もその人の霊は、「彼岸」において生きつづけるという主張も、ある意味では、彼岸と此岸との間の呼応というか、その証応とも考えられるともいえましょう。たとえば、現在といえども、先師有間香玄幽先生は、今なおわたくしの心の中に、厳として生きつづけていられるのでありまして、実はわたくしがこうしてここに、皆さん方に対してお話し申しているのも、考えようによっては、わたくしが話しているというよりも、むしろ先師がわたくしを通して皆さん方に、話していられるとさえ言えるかと思うほどであります。同様にまた、あなた方のうちに、たとえ一人にもせよ、わたくしの話がキッカケとなって、「心の扉」がひらかれて、真実の生き方をする人が出て来たとしたら、その時先師のご精神は、わたくしを通してその人の中にも、さらに生き始めたともいえるわけであります。

同時にこのように考えて参りますと、先に述べた「霊魂不滅観」というものと、わたくしの申す「歴史的不滅観」とは、ある意味では、布地の裏と表というような関係ともいえましょう。それどころか、それに先立ってお話したわれわれ人間の生命は、死ねばその本源である宇宙の根源生命に還るのだといった立場も、ある意味では、このような霊魂不滅観や歴史的不滅観と、けっして無縁でないどころか、それらの考え方の本源となり、その根底となっているのだともいえましょう。そしてそれは、先の布地の例で申せば、まだ色々な模様のつかない元の白生地みたいなものだともいえましょう。

さて、ここまでたどり着くことによって、わたくしとしては、初めてわたくしの宗教観の真の帰結ともいうべきものを、聞いて頂ける段階に達したかと思うのでありまして、それは今一口に申すとしたら、今日テーマとして掲げたこの「念々死を覚悟してはじめて真の〝生〟となる」という一語の中に要約され、かつ結晶していると言ってよいのであります。ところが、かように申しますと、人によっては、「しかしそれは、どうも普通に世間で宗教といっているものとは違うのじゃありませんか」といわれる方もないではないと思います。そしてそれもムリのないことかと思うのであります。

と申しますのも、わたくしのこのコトバは、わたくし自身の宗教観の、いわばギリギリ決着のところを表現したものだからであります。随って、只今のような疑問を抱かれる人に対しては、わたくしの宗教観は、「われわれ人間は、神からこの世に派遣せられたものである」という方が、まだしも受け入れられやすいかと思うのであります。だが、それではどうもしっくりしないと思われる人があれば、そういう人に対しては、「われわれ人間は、絶対者としての宇宙生命の自己限定、すなわちその創造の大用によって、ここにその地上的生命を賦与《ふよ》せられているわけです」とでもお答えする他ないでしょう。しかし、これらのどの表現をとりましても、これを聞かれる側の人びとの受けとり方はとにかくとして、少なくともわたくし自身には、根本的には何らの相違もないのであります。

しかしながら、「その間何らの違いもない」と申したのは、本質的な立場から申したのでありまして、現実的には、それぞれの表現の仕方が違うように、それに応じてそれぞれの趣は違うわけであります。ではさらに突きつめて、一体それらのうち、わたくしとして一番しっくりするのはどれかといえば、それは最初に申したように、この「念々死を覚悟してはじめて真の〝生〟となる」という一語だといってよいのであります。では何故かと申しますと、それは結局、わたくしの宗教観のギリギリ決着のところの表現といってよいからであります。それというのも、宗教において一ばん大事な点は、われわれ人間が「生きる」ということであり、さらにはお互い一人びとりが、真に生きるということの外ないからであります。

もっとも、このように申しますと、この点に対しても、また次のような反問をされる方もありましょう。それは、「真の宗教的態度というものは、いつでも安心してこの呼吸を引きとられることではないか」と。全くその通りだとわたくしも思うのであります。ただわたくしとして、この際問題としたいのは、お互い人間というものは、その日その日を真に充実した「生」を送っていないと、真に安んじて最後の呼吸を引きとるわけには、ゆくまいと思うのであります。それはちょうど、松か何かの木の枝でも、もしすっかり燃え尽きたならば、あとはスッキリして、唯わずかの灰が残るだけであります。ところが、もしそれが水にぬれたりなどして、くすぶっていたのでは、カラッとしないどころか、いつまでもいぶって、周囲の人びとはさぞかし煙たがることでしょう。同様にわれわれ人間も、しばしば申すように、この世へ神から派遣せられて来たわけですから、その派遣の任務がいかなる事柄かということをよく突きとめて、派遣の期日の終わるまでにできるだけそれを成就し、完成するように務めねばならぬと思うのであります。

ところが、このように考えてきて、ここに一つの困る問題は何かというと、それはわれわれ人間にとっては、この地上への派遣の目的も、また期間の終末も、何ら明示せられてはいないということでありませす。そしてそのうえ、派遣の目的について、これを突き止めるのに、少なくとも一生のほぼ前半の歳月がかかるのであります。そしてそれが何故かという点については、すでにお話したことがありますが、もししかし派遣の期日があらかじめ知らされていないという点は、何故でしょうか。それについては、もし派遣の期日の終末、すなわち死期があらかじめ知らされているとしたら、おそらく人びとの多くは絶望して、自暴自棄に陥り、さらには自殺などして、かえって「生」の期間を縮めるような不心得者が出るかも知れないからでしょう。仮りにそこまでは行かないにしても、もう何年しかこの世には生きられないと、あらかじめ分かっていたら、よほどの人でないかぎり、おちついて自分の仕事に没頭してはいられないからでしょう。それはちょうど医師の立場としては、ガンの宣告はさし控えるというのと、相似た心理といってよかろうかと思うのです。

そこからして、問題はどういうことになるかと申しますと、われわれ自身の方からは、いつお召しがあるか知れないと、つねに覚悟して、その用意をしている必要があるということであります。すなわち、常に「死」の覚悟を脚下にふまえつつ、日々の生活を送るということが理想でしょう。それというのも、われわれ人間はたとえば日常生活におきましても、提出物の締切り日まで、もう何日しかないとなると、急に真剣になる人が少なくないことによってもお分かりでしょう。つまりわれわれ人間は、いつ何どきお召しがあるか知れないという覚悟が、常に心の底にあってこそ、初めて心が緊張して、その生活の充実を期しうるからであります。

随って、宗教の極意というかギリギリの処は、われわれは何時なんどきお召しがあろうとも、従容としてそれをお受けできることだといってもよいでしょう。しかしそのためには、自分が命じられたこの世への派遣の目的に対して、精一ぱい努力しながら、しかもつねに心静かにお召しの日を待つということではないでしょうか。随って、そのために大事なことは、㈠いつ何どきお召しがあるか知れないという覚悟を、つねに忘れぬようにしていることと、㈡今一つは、あの世への出発のその日まで、自分がこの世へ派遣せられた任務を、少しでも多く達成するようにとの態度を、常にハッキリと確立しているという――以上二つの心がけが大切であって、われわれとしては、この二つの根本要請の切り結ぶ一線上を、いわば綱渡りのように、生きてゆけたらと思うのであります。

以上で、わたくしが宗教に関して、お話したらと考えていた事柄のあらましは、申せたかと思うのでありますす。しかしこう申しても、最後に今一つ、どうしてもわたくしの心に残って忘れ得ない事柄があるのでありまして、それは何かというと、若くして死なねばならぬ運命の人々についてであります。これはどう考えてみましても、まことに痛ましい極みであって、もしわれわれの力で、何とかできるものだったら、何処をどうしても引き止めたいというのが、われわれ人間としての至情というものでしょう。

しかし、それにも拘らず、これだけは如何ともし難いということは、皆さん方にもお分かりでしょう。そこでこのように、人間業ではどうにもならぬということが分かったら、少なくとも当の本人としては、一体どのような心構えで「死」を迎えたらよいかということこそ、最終的な根本問題といってよいでしょう。そしてそれには結局、「神われを最も深く愛し給うが故に――」と、思えるようになるということの他あるまいと思うのであります。言いかえますと、同年齢の若い人でも、他の人びとはまだこの世の借金がたくさん残っているので、自分のように早期のお召しがないわけで、いずれそれらの人びとも、それぞれ召されるのであって、その点では、この世に派遣せられたものは、唯一人の例外もなく、すべての人はやがて時来たれば、神のみもとに召し還されるわけであります。そしてその時期が早いとか遅いとか言ってみても、せいぜい百年以内の事であります。同時に、若くして神のお召しを受ける人の周囲の人びととしては、そのようにその人が若くしてお召しをうけるのは、その人の心情が清らかなために、この世の汚濁の中に永く置くことを、いたわしく思し召されての事と考える他ないでしょう。実際世間の実情を見ましても、そのように若くして召される人は、そのほとんどが心清らかな人と言ってよいでしょう。そこで、そういう人びとへの供養としては、いつまでも歎き悲しんでのみいないで、それよりも、若くして逝いた人に対する追憶の思い出集を編んで、その霊前に供えると共に、さらに故人がこの世において仕果たしたいと思って、努力していた仕事の幾分なりを継承して、世のため人のために尽くすことではないかと思うのであります。

第一一講 —— 知識と知慧

今日も道服姿の名児耶先生には、校長先生の先導でご入室になり、おもむろに登壇、一礼の後、今日のテーマを記され、つづいて次のようなテキストを朗読せられた。

㈠ **生きていて仏なるが故に死して仏となるなり**

翁曰く、世界や人はもちろん、禽獣・虫魚・草木に至るまで、およそ天地の間に生ずる物は、みな天の分身というべし。何となれば孑孑《ぼうふら》にても、蜉蝣《ふゆう》にても、草木にても、天地造化の力をからずして、人力を以って生育せしむることは出来ざればなり。

而して人はその長たり。故に万物の霊長という。その長たるの証は、禽獣・虫魚・草木を、わが勝手に支配し、生殺《せいさつ》して何方《いずかた》よりも咎《とがめ》なし。人の威力は広大なり。されど本来は、人と禽獣と草木と何ぞ分たん。みな「天」の分身なるが故に、仏道にては悉皆《しっかい》成仏と説けり。我が国は神国なれば、悉皆成神というべし。

然るを、世の人生きている時は人にして、死して仏と成ると思うは違《たが》えり。生きて仏なるが故に死して仏なるべし。生きて人にして死して仏となる理あるべからず。生きて鯖《さば》の魚が死して鰹節となるの理なし。林にある時は松にして、伐って杉となる木なきが如し。

ここで、尊徳翁の述べている思想には、二つの注目すべき事柄が含まれているようです。そのうち第一は、この天地大自然の中に存在するものは、すべて「天の分身」だという思想であって、これは大宇宙を絶大なる生命体と見る思想といってよいでしょう。随ってまた、この大宇宙の間に存在するものは、すべて「天」の分身として、兄弟といってよいわけで、ここに天地の一体観が成り立つわけであります。

しかしながら、かような思想は、必ずしも翁のみに限らず、神道はもとより、儒教でも仏教でも、否、キリスト教でも、根本的にはみな同様の考えだといってよいでしょう。

ところで、次の第二の考え方は、翁独特でありまして、実に面白いですね。それは神や仏は、この世に生きている間から、すでに神仏だったわけで、生きている間は唯の人間が、死んでから仏になるという道理はない。それはちょうど、生きている間は鯖だったものが、死んだら鰹節になるというはずはない——というのでありまして、如何にも尊徳らしい警抜な着眼と表現だと思いますね。つまり、こうした考え方こそ、実は生命あるものの「生き通し」という思想でありまして、ある意味では、宗教の極致ともいえましょう。

さて前回まで十回にわたってわたくしは、普通には宗教観ともいうべき事柄について、一おうそのあらましをお話したつもりであります。ところで宗教というコトバについては、皆さん方もこれまで色々と眼にし耳にしてこられたことでしょう。しかし、それが一体いかなるものかということについて、多少ともまとめて聞かれたのは、あるいは今回が初めてかとも思うのであります。しかし、漠然とした程度なら、どなたもすでにそれぞれ考えていられたことでしょう。そしてそれは、「宗教」というものの根本は、結局「われ如何に生きるべきか」という人生の根本問題に他ないからであります。

そこで以上つたない話ではありましたが、十回にわたる今回の話によって、これまで皆さん方がある程度考えていられた事柄が、多少ともまとまったものとなったとしたら、わたくしとしても幸せでありますます。それ故、これまでお話してきた問題を土台にして、今後もそれらとの関連によって、話を進めて行きたいと思うのであります。それというのも、宗教的信念というものは、すべての人が、それぞれその人なりに持っていなくてはならない、人間としての根本態度でありまして、それはわれわれ人間が生きてゆくための根本的方向を示すと共に、さらにその根本動力となるものだからであります。

では、今日はこれからどういう問題についてお話するかというに、それは題目にも掲げましたように、「知識と知慧《ちえ》」という問題について、少し考えてみたいと思うのであります。それは何故かというに、これまでお話してきた宗教の問題も、ある角度から考えますと、それは「知慧」の問題であり、さらには「英知」の問題だと言ってもよいからであります。同時に、宗教の窮極的な世界については、あらましの処はすでに申したわけですから、これからは、もう一度足もとから出直す必要があるのではないかと思うのであります。それというのも、「宗教」の問題は最根本的には、自分と神との関係でありますが、しかしこの自分というものが、終局的には神と結びつく以上、わたくしどもとしては、まず足もとの自己に関する事柄から、改めて再検討を要するともいえるわけであります。

ところで、わたくしがこれからお話し申そうと考えている「知識と知慧」の関係ですが、これは大変大事な事柄であるにも拘らず、人々の多くは、これら二種の「知」の性質の相違については、案外呑気というか、ウカツな人が多いように思われます。そしてそのために、現に教育上でも、非常にムダに精力が浪費せられている場合が、少なくないように思われるのであります。

そこで、話を進める便宜上、まず最初に、知識と知慧とはいかに違うかということを申してみますと、知識というものは、いわば部分的な材料知であるとすれば、「知慧」というものは、その人の体に融け込んで、自由に生きて作用《はたら》く知性だといってもよいでしょう。それはたとえて申しますと、落葉樹と常緑樹との相違は、ふつうに知識としては、常緑樹とは年中葉の落ちない木であるに反して、落葉樹とは、冬になると葉の落ちる樹木だという程度の知をいうのであります。ところが、常緑樹といえども、人工によって人が作ったものでない以上、じつは木の葉が散らぬというわけではないのであります。それゆえよく観察しますと、常緑樹とてもやはり落葉はするが、ただ旧い葉は、春になって新しい芽が出てから落ちますので、そのために目立たないのであります。そこで落葉樹とは冬になれば葉の落ちる木、常緑樹とは年中葉の落ちない木、というのが知識だとすれば、以上のような事を、自分で問題としながら突きつめたら、それは一種の知慧の始まりともいえましょう。

もっともこのような喩《たと》えが、はたして適当かどうかは存じませんが、かりにこれを手掛りとして知識と知慧の相違を一口で申してみますと、知識とは、人から聞いたり本などで読んで知った知であるとすれば、知慧とは、自分で問題を発見し、それを突き止めることによって、身についた知といってもよいでしょう。それゆえ知識というものは、知慧とくらべる時、その働きが少ないのは、それが自分の経験で十分にうらづけられていない場合が、大方だからであります。すなわち知識とは、単なる平面的な知の断片に過ぎないのであります。ですから、そういうものを幾ら沢山頭の中につめこんでも、一たん実地にのぞみますと、大して役立たないのであります。ところが、学校教育というものは、大部分が、多くはそうした生命のない、断片的な知識のつめ込みに終始しがちだといえましょう。

そこで念のために、もう一つ、これもあまり適当な例とは思いませんが、申してみますと、単なる知識というものは、たとえば造花の菊の葉をむしりとったようなものでありまして、たとえそれを土にさしても、葉が出たり根が生えるということはないのであります。ところが、知慧ということになりますと、それは生きている菊の葉みたいなもので、それを一葉もらってきて、巧く土にさしますと、それから芽が出たり根が出たりして、わずか一枚の葉でしかないにも拘らず、やがてリッパな一本の菊となるばかりか、さらにそれから、幾十百本という沢山の菊に増やすことさえできるのであります。随って、菊の専門家は、自分が苦心して作り出した新品種は、たとえその葉一枚といえども、みだりに人に盗まれないように、厳重に注意するのが常であります。

以上、はなはだ不十分ではありますが、一おう知識と知慧との違いが、お分かりになられたかと思います。そこでその相違をもう一度言い直してみますと、知識というものは、それが書物から得たものにせよ、あるいは人から聞いたものにせよ、とにかく大した苦労をしないで人から仕込んだ材料的な知だとすれば、知慧というほうは、自分が色々と苦心して、心を使い工夫して、自ら生み出したところの知だといってよいでしょう。それゆえ知識のほうは、単なる材料知であって、便利な点もないわけではありませんが、しかしそれは決して、自ら生きて働くというわけにはゆきかねるのであります。つまり、実地の応用が利かないわけであります。

その点については、たとえば常緑樹というものは、学校で教わった知識としては、年中葉の落ちない樹だと教わるわけですが、なるほど一見しただけでは、一おうそう言えないわけでもありません。しかし人工によって人が作った木でない以上、全然葉が落ちないということはないはずだと考えついて、永い間いつもその点を疑問としていたのが、ある年の五月の末から六月へかけて、常緑樹はもとより竹などでさえやはり落葉するが、しかしそれは新しい葉が出てから後のことですから、普通にはあまり目立たないのだということが分かってみますと、それは単に植物に関する知識というだけでなくて、そこにこもっている道理というか理法というものは、広く人間の世界にも当てはまり、宇宙的な真理にも通じる処のあるものだということが分かるのであります。

そこで知識と知慧との相違については、一おう以上で分かって頂けたかと思いますので、次には、どうしたらわれわれは、この知慧というものを身につけることができるか——という問題に移りたいと思います。ところが、これは大へんむつかしく、かつ困難な問題だと思うのであります。何となれば、すでに申してきたように、知慧というものは、学校教育によって知慧を身につけさすということは、ほとんど不可能に近いことだとも言えるからであります。同時にこれによって世間でよく言われる処の、学校の成績と世の中における成績とは、必ずしも一致しないといわれることの根拠があるわけであります。それというのも、学校の成績というものは、ただ教師から教わった事柄を、そのまま後生大事に覚えていさえすれば、それだけで大ていは良い成績がとれますが、ひとたび実社会へ出ますと、それからの点数は、そのように簡単には参らぬのであります。もっとも、こうした事柄に関しては、次回において、改めて多少詳しいお話をしたらと考えていますが、とにかく世の中に出てからの点数というものは、学校時代のように、外側からつめこんだ知識では、たとえそれが如何に多くても、大して役に立たないばかりか、時には邪魔になることさえ少なくないのであります。そしてそうした人のことを、世間では時どき「あれはどうも少々ガクがあり過ぎるからナ――」などといって、いささか軽蔑した陰口をきかれる場合さえ、ないとは言えないのであります。

以上のような次第ですから、真の生きた知慧というものは、一体どうしたら身につけることが出来るかということになると、これは非常にむつかしい問題だといってよいでしょう。つまり、広い世間にも、手軽に知慧を身につけてくれるような学校はないからであります。随ってそれは、一人びとりの人間が、それぞれその気になって、注意し心がけてゆく他ないともいえましょう。それ故、このような生きた知慧を授けてくれるような学校がもしあるとしたら、それはこの広い「世間」というか、「世の中」という生きた複雑極まりない学校だといってよいでしょう。そしてそこでは、わたくしたちは、一々生きた事実という教材によって、いや応なしに切実な経験を通して、人生の深刻な知慧を身につけさせられるわけであります。

ところで、今わたくしは、われわれ人間は、広い「世間」という学校によって、生きた人生の知慧を授けられる場合が多いと申しましたが、しかしこの場合、広いというコトバについては、但し書きが必要でありまして、それは必ずしも世間を広く渡り歩かねば得られないという意味ではないのでありまして、むしろ生きた人生の深刻な知慧を身につけるには、わたくしは比較的狭い人間関係においての方が、確実に学べるのではないかと思うのであります。つまりややむつかしいコトバで申せば、必ずしも外延的な拡がりの広さよりも、むしろ内包的な深さを通してのほうが、生きた人生の知慧は学びやすいともいえましょう。同時にこの点からして、将来一本立ちとなって独立しようと思う人は、あまり大きな一流会社ではなくて、むしろ堅実な中・小企業の方が良いといわれる事とも、関係がありそうであります。

そこで最後に、そのような生きた知慧を身につける上で役立つのは、そうした生きた知慧をもっている人に接し、そのコトバに傾聴することは、もっとも良い近路だといえましょう。そしてそれには、読むよりも聞くことのほうがより大事であって、そのほうが深く身につく可能性が多いといえましょう。それというのも、読むことをもし平面的だとすれば、聞くほうは立体的だからであります。随って、こちらにその心さえあれば、人生の知慧を身につけた人のコトバというものは、たった一度お聞きしただけでも、そこに含まれている生きた真理は、終生忘れ難いものとなる場合が、少なくないともいえましょう。もちろんかく申すのは、読むことを否定するのでないことは言うまでもありません。同時に、書物をよむ以上は、できるだけ人生の知慧を含んでいる、生きた書物を読みたいものであります。しかしそうした生きた人生の知慧を蔵している書物は、多くは古典とよばれて、現在の人びと、とくに若い皆さん方には、とかく取りつきにくいと言ってよいでしょう。そこで読書において、一ばん大事でかつ困難なことは、現代において書かれている書物の中で、どういう書物が、比較的多く生きた人生の知慧を含んでいるかを、見分けることだともいえましょうが、人はそのためにも、つねに卓れた「人生の師」

を持って、その指導をうける必要があるわけであります。

第一二講——知慧の種々相

今日も道服姿の名児耶先生は、校長先生ご先導でご入場、そしてやがて登壇。一礼の後、今日のテーマを書かれ、次のテキストを朗々とお読みになられた。

(十一) 人の道は天道の中に人の誠を尽くすにあり

翁曰くそれ世界は旋転《せんてん》してやまず。寒往けば暑来たり、暑往けば寒来たり、夜明ければ昼となり、昼になれば夜となる。また万物生ずれば滅し、滅すればまた生ず。たとえば銭《ぜに》をやれば品が来たり、品をやれば銭が来るに同じ。寝ても覚めても、居ても歩いても、昨日は今日になり、今日は明日になる。田畑も海山も皆その通り。ここに薪をたき減らすほどは、山林にて生育し、ここで喰い減らすだけの穀物は、田畑にて生育す。野菜にても魚類にても、世の中にて減るほどは、田畑・河海・山林にて生育し、生まれたる子は、時々刻々年がより、築《つき》たる堤は時々に崩れ、掘りたる堀は、日々夜々に埋まり、葺《ふ》きたる屋根は、日々夜々に腐る。これ則ち天理の常なり。

然るに、人道はこれと異る。如何となれば風雨定めなく、寒暑往来するこの世界に、毛羽なく鱗《りん》介《かい》なく、裸体《はだか》にて生まれ出で、家がなければ雨露が凌《しの》がれず、衣服がなければ寒暑が凌がれず。ここに於て人道というものを立て、米を善とし莠《はくさ》を悪とし、家をつくるを善とし、破るを悪とす。みな人のために立てたる道なり。よって人道という。天理より見る時は善悪はなし。その証には、天理に任《まか》する時は、みな荒地となりて、開闢《かいびやく》のむかしに帰るなり。如何となれば、これ則ち天理自然の道なればなり。

今日のところは、尊徳翁において最も大事な根本思想である「天道と人道」の相違と、その関係を初めて明らかにせられたわけで、最も注目すべき処といってよいでしょう。しかしながら、詳しく説明するとなったらきりがありませんから、以上を、よく納得のゆくまで、何度も読み返し、十分に嚙みしめて考えて頂きたいと思います。同時に、ここに尊徳翁の思想が、単なる宗教から、その巨大な一歩を踏み出したものといえましょう。とにかく翁が、何ゆえ「天道」だけでは不十分であって、どうしても「人道」と「天道」とを切り結ばせねばならぬと言われるのか、その深意をよく嚙みしめて頂きたいと思います。

さて前回には、わたくしは「知識と知慧」と題して、知識というものと知慧というものとの相違について、ひとわたりお話してみたつもりであります。すなわち両者は、一見しただけではよく似ていて、大した違いもなさそうにも思われましょうが、しかし実際のはたらきという点になりますと、両者は全く異質のものでありまして、時には天地ほどの距《へだ》たりがあるともいえましょう。

そこからして、一つの大事な問題は、知識を身につけるということは必ずしも困難ではなく、学校はもとより書物などによっても、比較的たやすく獲得することができるのであります。ところが、知慧を身につけるということは、前回にも申したように、非常にむつかしいことでありまして、こういうふうにすれば、誰でも知慧が身につくなどと、一般的なことは一切申せないのであります。同時に、そこに知慧を身につける上での、非常な困難さがあるわけであります。そしてそのためには、結局人生の苦労というか、さらには逆境の試練と申しますか、とにかくそうした種類の血税というか、むしろ「血の授業料」ともいうべきものを納めて、「世の中」という生きた学校において、躰《からだ》をしぼって身につける他ないのであります。

ところが、普通に知慧という名で呼ばれている知の作用《はたらき》の中にも、考えてみれば色いろとその種類があるわけですから、これからひとつ、それらのあらましについて述べてみたいと思います。同時に、それによって皆さん方も、ひとり知慧の種類を知るだけでなくて、知慧とは一体どうしたら身につけることができるか、ということのためにも、多少はご参考になるかと思うのであります。

そこで、さしあたり先ず人から、「知慧とはどのようなものか」と聞かれたとしたら、わたくしは一たい何と答えるだろうと、皆さん方はお考えでしょうか。ところでそれに対して、わたくしが真先に答えるのは、「知慧とは、将来への見通しが、どれほどつくかどうかでわかりますよ」と答えることでしょう。つまり前途のことや将来のことが、どれほどまで、あらかじめ、見当がつくか、ということだと言ってよいでしょう。たとえば、ごく手近かなところでいってみれば、自分のすぐ隣りの空き地が、現在では坪幾らくらいしているが、それが三年また五年後には、大たい幾らくらいになるだろう——というようなことでありまして、それがどの程度の確実さをもって、予測できるかどうかということが、その人のその角度における知慧といってよいでしょう。そしてそれが隣の空き地だけでなくて、自分の住んでいる町や都会についても、よく見通せるようになったら、その人はそれだけでもいっぱし立って行くことができましょう。

同様のことは、一々例はあげませんが、あらゆる種類の事柄について言えるわけですが、しかしそのような生きた知慧というものは、どこにも書いてもなければ、またそういう知慧は、人から簡単に教わることのできるものでもないのであります。そして仮りに、その一端を書いた書物があったとしても、それはその事のホンの一端に過ぎないわけですし、また仮りに人から教わるとしても、結局それは、その人の下に永年使われて、いわば一心同体になって、その苦労を共にする以外には、できないはずであります。

そこで、この場合問題になるのは、では一体知慧とはどういうものかというに、それはある意味では、その人のこれまで経て来た全経験と全知識とが、一瞬にして綜合的に発火し燃焼して、周囲を照らすような趣のあるのが、真の英知だといってよいでしょう。そしてそれ故にこそ、知慧というものは、簡単に手に入ったり身についたりするものでないゆえんであります。すなわちそれは、一人の人間が、生まれてから現在のこの瞬間に至るまで、読んだり考えたり経験したりしたものの一切が、一瞬にして発火し燃焼して、周囲を照らす一種の「英知光」ともいうべきものだからであります。

さて以上わたくしは、知慧というものの説明と同時に、その一例として、いわゆる「見通し」というものについて一言したわけですが、では一歩をすすめて、知慧には「見通し」以外にもまだ他にどういう面があると言えるでしょうか。それに対してわたくしは「見通し」との関連からいえば、物事の「潮《しお》時《どき》」が分かるということもまた、知慧の一種といって良かろうかと思うのであります。それというのも、この現実界のことは、常に見通しというだけでは、実はまだ足りないのでありまして、たとえば、自分が現在持っている土地を、いつ頃手放したものかというような、「潮時」を誤らぬというのでなくては、単なる見通しだけでは、不十分といわねばならぬのであります。同時にこれは、ひとり土地の売買などというような事だけでなくて、たとえば自分が一つの会社なり役所なり、あるいはまた学校なりの「長」となったような場合、その改革に手をつける「潮時」を誤らぬということの重要さは、土地などとは比較にならぬほどにむつかしく、かつデリケートな問題でありまして、そうした現実の処理法の機微について書いた書物のないことなど、改めて申すまでもないことであります。

　そこで次には、では潮どきとの関連において、次に大事な知慧は何かと申しますと、それはいわゆる「手の打ち方」というものではないかと思うのであります。つまり、大きい意味での見通しは、大たい当たっていたとしましても、肝心の潮時を誤っては、何の役にも立たないわけであります。ところが、さらに一歩すすめますと、潮時は間違えなかったとしても、もしその際、手の打ち方を誤ったとしたら、やはり最後の段階で失敗を免《まぬが》れぬわけであります。つまり「手の打ち方」とは、言いかえますと、手段とか方法ということでありまして、これがまたなかなかむつかしい問題なのであります。

　ところで、この点に関して思いますのは、どうも西洋の学問というものは、一般に理論が重んじられて、実際の方法とか手段というものは、とかく軽んじられる傾向があるかと思うのであります。しかもわたくしの考えでは、手段とか方法というものは、一般的な原理とか理論というものに劣らず、重要だと思うのであります。西洋の学界の実情にうといわたくしには、本場の西洋の学者たちの実状が、はたしてどのようであるか分かりかねますが、現在のわが国の学者と比べたら、もともと理論を重じる傾向の西洋の学者の方が、現在のわが国の学者より、まだしも現実の実情によく通じているのではあるまいか、という気がしてならぬのであります。そしてそれは、結局現在の日本の学問は、まだ十分に自立の域に達しているとはいえないからでしょう。

さて、以上わたくしは、知慧というものが如何なるものかということを検討して、㈠前途の見通し、㈡潮時、および㈢手の打ち方――という、互いに関連のある一連の系列について申してきたわけですが、ではこれら以外にはもう無いかといえば、もとよりそうではないのであります。否、知慧というものは、たとえば「手の打ち方」ということ一つをとってみましても、実はその時、その場、その人によって、それぞれ違うのでありまして、仮りに同じ一人の人が、同じ種類の仕事をしたとしても、厳密にいったら、その時その場によって、極微的にはみな違うといってよいでしょう。つまりそれほど知慧というものは、活きた作用《はたらき》でありまして、文字通りまったくその端倪《たんげい》を許さぬわけであります。随って、知慧の種類だとか説明などというものは、本来できるものでなければ、またすべきものでもないというべきでしょう。

しかしながら、こう割り切ってしまったんでは始まりませんから、以下もう少し知慧について申すことにいたしましょう。さて、そういう意味からして、次に問題となるのは、物事のつり合いというか、バランスを誤らぬということも、また知慧の大事な一面と思うのであります。実際ある意味では、この現実界においては、このつり合いというかバランスというものほど、大事なことはないともいえましょう。たとえば、皆さん方の現在にしても、勉強する事と、健康を損じないという、この矛盾しがちな二種の事柄の間にありながら、つねに適当なバランスをとって誤りがないということは、学生生活において、もっとも大事な知慧の一つといってよいでしょう。いわんや知識と人格とのバランスということになりますと、それがより重要な事柄だということは、改めて申すまでもないでしょう。同時にこの際わたくしは、知識と知慧では、どちらがその人の人間としての真価に近いかというと、もちろん知慧のほうだと思うのであります。もっとも、わたくしが上に挙げたような種類の知慧だけで、人間としてリッパだとは、簡単にはいえないでしょうが、しかしとにかく知慧というものが、その人の知識と経験との生きた統一である以上、それは結局、その人の人格的統一の中軸となり、時としては、その全部ともいえることを思いますと、以上のわたくしのコトバは当然といってよいでしょう。

そこで、さらに同様な種類の知慧について今少し考えてみますと、それはまた物事の「程度」ということもまた知慧の一種といってよいでしょう。と申しますのも、この現実界では、それが如何に良いことリッパなことでありましても、もしこの程度を誤ったとしたら、結局良いとは言えなくなるからであります。そしてそれは、結局、前に申した物事のバランスというものが崩れるからだといってよいでしょう。たとえば慈善などということは、恵まれない人びとのためにすることですから、大へんリッパなわけですが、しかしそれすらも、その度が過ぎて、わが家の経済状態が傾くというようになっては、手放しで礼賛するわけには行かないのであります。そこで、むかしから「過ぎたるは尚及ばざるが如し」という諺もあるわけであります。

以上わたくしの申して来たような事柄は、それらのすべてが、人それぞれに、自分の工夫と努力によって、苦労して身につける外ないものといえましょう。随ってまた、このような知慧というものは、とうてい書物などに書けるものではなく、また仮に書いたとしても、それを読めば、誰でもすぐに身につくようなものではないと申しましたが、全くその通りだと思うのであります。

しかし最後に、今しいてこのような人間の知慧を、哲理というか根本原理として書いた書物が、もしあるとしたら、それは中国の「易」の原理でありまして、それ以外には無さそうに思うのであります。勿論わたくしがこう申したからといって、皆さんが「易」に関する書物を買ってきて読んでみても、おそらく全くチンプンカンプンで、皆目《かいもく》歯も立たないことでしょう。よってわたくしは、この講話を終わるまでには、一度この「易」の世界観というものが、一体どういうものかということについても、ひとわたり皆さん方にお話してみたらと考えているのであります。と申しますのも、わたくしの考えでは、この「易」の世界観ほど、根本的な立場から、しかも的確かつ明瞭に、このような人間の知慧について、原理的な綜合を完成した書物は、他にはまったく見られぬと思うからであります。

第一三講——人物の大小と深浅

今日も道服姿の名児耶先生は、校長先生の先導でご入場。そしておもむろに壇に上がられ、一礼の後、今日のテーマを記され、つづいて次のようなテキストをお読みになった。

(十三) 水車のまわるは半ばは天道にして半ばは人道なり

翁曰く、それ人道はたとえば、水車の如し。その形半分は水流にしたがい、半ばは水流に逆って輪廻《りんね》す。丸に(すっかり)水中に入れば、廻らずして流るべし。また水を離るれば廻ることあるべからず。

それ仏家にいわゆる「知識」(僧侶)の如く、世を離れ欲を捨てたるは、たとえば水車の水を離れたるが如し。また凡俗の教義も聞かず義務もしらず、私欲一辺に著するは、水車を丸に沈めたるが如し。共に社会の用をなさず。

ゆえに人道は中庸を尊む。水車の中庸は、よろしき程に水中に入りて、半分は水に順《したが》い、半分は流水に逆昇りて、運転滞らざるにあり。人の道もその如く、天理に順いて種を蒔き、天理に逆うて草を取り、欲に随って家業をはげみ、欲を制して義務を思うべきなり。

尊徳のこの水車のたとえは、有名なたとえであります。前回のところで、一応「天道」と「人道」

の相違と、その関係について述べてはいますが、しかしそれだけでは、納得のゆかない人々のために、翁はかれ一流の警抜な比喩を用いて説かれているわけです。

前回の終わりにわたくしが、翁の思想はある意味では、宗教を大きく踏み越えているとも言える一面のあることを申しましたが、その意味が今日のところで、一そうハッキリしたのではないかと思われます。

と申すのも、世間で「宗教」といわれるものは、ともすれば、ここでいう天理だけを力説して、人道即ち人間として努力すべき他の一面のあることを、とかく見過ごし易いからであります。ところが、翁ほどの偉大な哲人となりますと、そういうことはなくて、天理と人道、即ちまた絶対と相対との巧く嚙み合うところに、真に天上と地上とを一貫する不動の真理のあることを、よく徹見しているばかりでなく、それを何人にもよく分かるような比喩を以って、説き明かしていられるのであります。

さて前二回にわたってわたくしは、知識と知慧の相違からはじめて、人間において重要な知の作用《はたらき》としての「知慧」の種々相について、そのあらましをお話したかと思うのであります。同時に、それによって皆さん方も、現在学校で教わっているものの大方は、真の「知慧」ではなくて、知識に過ぎないということが、改めてお分かりになったかと思います。同時にそれだけでは、将来世の中へ出て重要な仕事をするには、どうも不十分だということが、ある程度お分かりになられたかと思うのであります。

もちろん、このように申すことは、皆さん方が現在学校で教わっている知識が、無用だなどという意味では毛頭ありません。唯、わたくしの申したいことは、同時にそれのみでは足りないということであります。そしてそのためには、そうした色々な知識を自由に使いこなせるような、生きて作用《はた》らく一段と高次の知が必要であって、それこそ、わたくしが重視し力説しているところの「知慧」に他ならぬのであります。

このようにわたくしは、前二回にわたって、われわれ人間にとって、真の「知慧」というものが、如何に重要な意味をもつかという点について、かなり詳しくお話したつもりですが、しかも今日ふり返ってみますと、そのように重要な「知慧」の作用《はたらき》の根底になり、ある意味ではそれらを支えているものが、一たいどのようなものかという事については、まだほとんど触れていなかったことに気づいて、実はわれながら驚いている次第であります。そこで今は、ひとつこの点について、皆さん方と一しょに考えてみたいと思うのであります。

さてそれについて、皆さん方はこの問題について、一体どのように考えていられるのでしょうか。つまり問題というのは、以上前々回からわたくしが述べてきた、人間の「知慧」の作用《はたらき》というものを成り立たせている基盤というか、その根底になっているものは、一たい如何なるものかという問題であります。同時に皆さん方としても、今こうしてわたくしから問いかけるまでは、そのような問題があるなどとは、少しも気づかれなかっただろうと思います。このように、総じて真に根本的な問題というものは、多くはこうしたもののようであります。

しかし、このようなことをいつまで繰り返していても始まりませんから、そこで一種のたたき台という意味で、ひとつわたくし自身の考えから申してみることにいたしましょう。そこで端的に申しますと、わたくしの考えでは、以上色々な方面から、またさまざまな角度から考えてきた、われわれ人間の「知慧」の作用《はたらき》を支えて、それらを成り立たせているものは、結局、人間心理への「洞察」というものではないかと考えるのであります。もっとも卒然としてかような事を申せば、皆さん方の多くの人は、どうも意外な感がして、すぐには何とも答えられないかとも思います。否、人によっては、あまり唐突なので、一たいどういう考えでわたくしが、こうした事を申すのか、見当さえつきかねるという人が多いかとも思うのであります。しかしわたくしには、どうもこのような考え方しかできないのであります。またわたくし自身としても、何故こうした言い方や考え方をするかということになると、どうも筋道を通して説明ができるかどうか、われながら危なっかしいのであります。しかし、何時までもこうした事を申してはいられませんので、以上のような結論に対して、少しく筋道をたどってみることにいたしましょう。

そこで先ず最初に、わたくしが「知慧」の実例として挙げた、土地のねだんという例をとって考えてみることにいたしましょう。ところで、こうした実例は、それが卑近であるだけに、かえってごまかしやまやかしが利かなくて、好つごうだともいえましょう。そこでこの「見通し」という知慧についてですが、それは多くの人びとが考えそうなことを、但し人々より一歩か二歩、時には数歩も先立って、考えることだと言ってもよいでしょう。随ってそこに作用《はたら》くのは、人々の心理の動きに対する鋭敏な、むしろ心憎いまでの推察ないしは洞察だといってよいでしょう。すなわち、見通しという「知慧」は、多くの人びとの心の向かう方向を、あらかじめ鋭敏にキャッチして、しかもそれを数歩先んじて、察知する心の作用《はたらき》だといってもよいでしょう。随ってそこに作用くものは、書物に書かれているような死んだ知識でないのはもとより、普通の意味で真理などと呼ばれているものさえ、それに対しては無力だといってもよいほどであります。すなわちそこに作用《はたら》いているものは、唯々人びとの心の底にはたらく、眼に見えない人間心理の動きに対する洞察だといってよいでしょう。

さて以上は、「知慧」というものの成立する基盤というか、その根底について、それを「知慧とは見通しである」という場合について申してみたわけですが、「潮時」などについても、結局は同様なことがいえると言ってよいでしょう。さらに「手の打ち方」のこつとか秘訣などということになりますと、こうした人心の機微への洞察は、単なる見通しはもとより、潮時などよりも、一そう深く人間心理への洞察を必要とすると言ってよいでしょう。同様にまた、その次のバランスとかつり合い、ないしは程度などということになりますと、一見した処は、以上述べたような事柄と比べると、もっと客観的一般的なことのようにも思われましょうが、しかしこれらの事柄とても、一皮はいでその内面について考えますと、そこにはやはり人間心理への「洞察」がうらづけられていることが、お分かりになりましょう。たとえばある事柄について、「これではどうも不釣合いだろう」という判断を下す場合には、ひとり自分の能力や財力だけでなくて、世人がそれをどう見るかというような、世間の「眼」も予想せられているわけでありまして、程度という場合にしても、もちろん同様といってよいでしょう。

そこで、以上を要約しますと、「知慧」というものの成り立つ根底には、人間心理への「洞察」というものが、予想せられるわけでありますが、同時にそこからして、わたくしは人物の深浅ということについても、言えるんじゃないかと考えるのであります。実際、一人の人間が、どれほど深いか浅いかなどということは、普通には簡単にはいえないわけですが、しかししいて言わねばならぬとしたら、わたくしはその人が、どれほど広くかつ深く人びとの心理に対して洞察が利くか否か、にあるのではないかと思うのであります。そして、それこそまさに、上に申してきたことによって明らかなように、その人がどこまで真に聡明な英知の人かどうかの尺度といえるのではないでしょうか。

ついでながら、わたくしは人物の大小ということと、深浅という問題とは、必ずしも同じではないと考えるのであります。もちろんそこには、可成り深い関連があるとはいえましょう。たとえば、普通に人物が大きいといわれる人は、多くの人に対して好き嫌いをいわず、大度量を以ってそれらの人々を包容する人物というわけでありまして、もちろんそこには、多くの人々の心理に対する推察がなければできることではないでしょう。しかしながら、人物が大きいといわれる場合には、ひとり多くの人々の心を包容するだけでなくて、それらの人々を喜んで働かせるだけの、手腕や力量が必要でありまして、こういう点になりますと、そこにはやはり可成りな程度に、人々の天成の性質というか、生まれつきというものが関係するようであります。

もちろん、その人物が深いか浅いかという問題についても、同様にその人の天性とか、生まれつきというようなものの影響が無いわけではないでしょう。しかし前の、人物の大小の場合とくらべますと、その人がこの人の世の苦しみをなめて、多くの人びとの苦悩に対する察しがつくようになればなるほど、わたくしたちはそういう人のことを、心の深い人とか、深い人格とかいうようであります。それ故その場合必要なのは、生まれついた大度量というよりも、むしろその人が、この人の世の数かずの苦悩を経験することによって、ついに最後の岩盤ともいうべき「我見」というものが、打ち砕かれた人をいうのでありましょう。

それ故、そういう人というものは、いわゆる大人物といわれる人々のように、世間的な大事業はできないとしても、またそういう人は、社会的に目立つような華々しい事業はしなくても、いやしくもその人を知るほどの人は、そうした人がこの世に生きていられるということだけでも、大きな心の慰めになる――といわれるような人でありまして、かのキリストなどという人は、そういう意味では、人類の歴史上に現われた最も深い人格といってよいかと思うのであります。

以上わたくしは、これまで真の知慧というものは、その成立の根底に、人心への推察、さらには洞察ともいうべきものが、うらづけられているということを申したわけですが、しかしそれだけではまだ真の深奥な人格とか、深遠な人柄とはいえないと思うのであります。と申しますのも、たとえ人びとの心の洞察は出来たとしても、そうした知慧によって多くの人びとを、自分一身のために動員する場合もありうるからでありまして、かのヒットラーを初めとして、古来英雄と呼ばれるような人びとの中には、この種の人物も決して珍しくはないのであります。

しかしながら、今や人類が現段階に達して必要とするのは、そのようないわゆる英雄とか英傑と呼ばれるような人よりも、むしろ万人の苦悩を己が苦悩として共感しうるような、真の聖哲ともいうべき人ではないかと思うのであります。すなわち、今や人類が現段階に達して希求する人物は、多くの物を生産し、幾多の人間を動員するような大力量底の人物よりも、その人の存在が、多くの人びとにとって、人生の深い慰籍《いしゃ》となり、この苦悩に充ちた人の世を生きてゆく上に、その人一人の存在によって堪えてゆけるというような人物ではないでしょうか。そしてそのような人物とは、結局、自分と縁ある人びとの苦悩に対して、それぞれに深く共感しつつ、その心の底に「大悲」の涙を湛《たた》えて、人知れずそれを噛みしめ味わっている底《てい》の人ではないかと思うのであります。

第一四講――原罪――その三種の現われ――

今日も道服姿の名児耶先生には、校長先生の先導でご入場になり、おもむろに登壇。一礼の後、今日のテーマを書かれ、つづいて次のテキストを朗読せられた。

(十三) **人道をつくして天道にまかすべし**

翁曰く、天道は自然なり。人道に従うといえども、又人為あり。人道をつくして天道に任すべし。人為をゆるがせにして、天道を恨むること勿れ。それ、庭前の落葉は天道なり。無心にして日々夜々に積る。之を払わざるは人道にあらず。払えどもまた落ちる。之に心をわずらわし、これに心を労し、一葉落ちれば箒を取って立つが如き、これちりあくたの為に役せらるるなり、愚というべし。木の葉の落ちるは天道なり。人道を以って毎朝一度は払うべし。また落ちるとも捨ておきて、無心の落葉に役せらるること勿れ。また人道をゆるがせにして、積り次第にすること勿れ。これ人道なり。

愚人といえども悪人といえども、よく教うべし。教えて聞かざるも、これに心を労すること勿れ。聞かぬとて捨てることなく、幾度も教えて用いざるも憤《いきどお》ること勿れ。聞かずとて捨てるは不仁なり。用いぬとて憤るは不智なり。不仁不智は徳者の恐るる処なり。仁智二つ心がけて、我が徳を全うすべし。

これまでも度々申してきたように、尊徳翁の思想の根本を為しているのは、この「天道」と「人道」という二種の真理を、それぞれ切り結ばせてゆく処に、この地上の人間社会の真の生き方があるといっている点であります。そしてそれを実際上、いかに生かし、処理していったらよいかということが、今日のこの説明によって、みなさんにもよくお分かりになられたかと思います。そしてそれは一言で申せば、結局、「人道をつくして天道にまかす」というわけであります。実際今日のところの、落葉とそれを掃くたとえは、まったく心憎い限りといってよいでしょう。さすがに、民族の生んだ最大の哲人たるに相応しい教えだといえましょう。

さて前回では、わたくしはわれわれ人間において、「知慧《ちえ》」というものの成立する土台というか、その根底となっているものを探って、それは意外にも、人間心理に対する洞察であって、すなわちわれわれ人間が「知慧」と名づけているものも、結局はその人が、多くの人々の心をどこまで推察し洞察できるかということが、その土台であり根底になっているものだ、ということを申したわけであります。

同時にそこからしてまた、人間というか人物というものを見る点でも、いわゆる大人物といわれるような人びとと、心の深い人といわれるような人びとは、それぞれ人間心理の卓れた洞察者だという点では、ある意味では互いに共通しているともいえましょうが、同時にそこにはまた自ら趣の違う点もあるわけでありまして、結局それは、その人の自己中心的なものが、どの程度残存しているかどうかという点ではあるまいか――というようなことを申してみたのであります。同時にこの場合、自己中心的といったのは、結局その人の支配欲というようなものに、つながると見てよいようであります。すなわち、多くの人々に対する人間心理の洞察という点では、両者はある程度共通しているとも言えましょうが、しかしそれが、自己中心的な支配欲に結びつくか、それとも自己を虚《むな》しゅうする結果、ちょうど虚《むな》しい器に水の満々と充たされるように、人心がおのずから、それに帰向するのとの相違だともいえましょう。

では今日は、一体どういうことをお話しようとしているかと申しますと、以上述べた人間の二種の類型のうち、後者の類型に属する人びとの心理であり、そうした人びとの内的風光の一端を探ってみたいと思うのであります。もっとも、この際申して置きたいと思うことは、われわれがもし人間の類型的考察の立場にたつとしたら、もちろん人間の類型は、こうした二種類だけに限られているわけではありません。だが、わたくしはここで、そうした人間の類型論の考察に深入りする意志は毛頭ないのであります。

そこで話を元へもどすことにして、先ほど挙げた二種の人間類型、すなわち、いわゆる大人物型の人と、いわゆる心深き人と呼ばれる人とのうち、主として後者に属する人びとの人間心理というか、そういう人びとの心の世界の一端を垣間《かいま》見てみたいと思うのであります。ということは、そうしたいわば清らかな人びとの心の世界は、一たいどのようなものだろうかということであります。ところが、そういう人びとの心の世界というものは、普通に人びとが外側から考えているようなものとは、大よそ違ったものではないかというのが、わたくしの考えであります。ということは、もし皆さん方が、それらの人々の心の中は、まるで何一つ映っていない鏡のように、きれいなものだと考えるとしたら、もちろん半面は確かにそうだともいえましょうが、同時に他の半面は、かなり大きく違っているとも言えるのではないでしょうか。このように申したら、皆さん方は定めし意外の感をされるかと思いますが、どうもわたくしには、そういう気がするのであります。

では、それはどういうことかと申しますと、そういう人の心の鏡には、この人の世において生起するあらゆる種類の悪しきもの、忌まわしきもの、さらには汚《けが》れにけがれた人間の姿が、まるで鏡がこの地上のあらゆる物象を映すように、映っては消え、消えてはまた映って、その際限がないのではあるまいか――と、そのようにわたくしには思われてならないのであります。随ってわたくしどもは、そうした人びとの心の中については、一体それを清らかというべきか、それとも、そうは言えないかということについても、安易には決めかねるのであります。もしそれを汚いといえば、この世のもろもろの汚れの多くは、そこにハッキリと映るわけでありますが、さりとてまたそれを、汚れていると断言することのできないことは、申すまでもないのであります。何となれば、そこで汚れているというのは、汚れたものの像《すがた》がただ映るだけでありまして、それを映している人の心は、鏡のようにきれいなはずだからであります。でなければ、万象をそのようにありのままに映すわけにはゆかないからであります。

そこでどういうことになるかと申しますと、そのような人びとの心の世界は、この世のあらゆる汚れと醜い相《すがた》を映してはいますが、しかしそういう人びと自身の心そのものは、つねに明鏡のように浄らかで澄んでいるといってよいでしょう。むしろそれは、そのように清らかだからこそ、この人の世のあらゆる醜さや汚れをも、そのあるがままの相において、映しうるわけでありまして、もし鏡自体が汚れていたとしたら、とうてい物の象《すがた》をその如是の相において映すことはできないはずであります。

このように申しますと、では、そうした心の清らかな人びととは、自分自身の心の汚れについては、何ら気にしていないかと申しますと、それは実にとんでもない誤りでありまして、むしろそうした心清らかな人びとこそ、自分の心の汚れやすいことを深く心得ていて、その心の慎みを忘れない人びとだといってよいでしょう。もっともこう申しますと皆さん方の中には、それを不思議に思う人もあるかと思いますが、それは清らかな白絹を持っている人ほど、その汚れを恐れるようなものだといったら、お分かりになりましょう。

そこで、一歩をすすめて、ではそういう人びとが、もっとも恐れている事柄は、一体どういう種類のことかと申しますと、それはわたくしの推察によれば、一般にわれわれ人間の心に、もっとも深い根ざしをもつ三つの根源的な問題があるかと思うのであります。それは何かと申しますと、第一は「性」に根ざすものであり、第二は嫉妬の念であり、そして第三は搾取という問題ではないかと思うのでありま す。それ故わたくしは、これら三つの事柄に関しては、どんなに心深く清らかといわれる人びとでも、否、むしろそうした人びとこそ、もっとも深く心して警戒の手綱をゆるめないのは、一たい何故かという点について、ひとわたり考察してみたいと思うのであります。

さてそのうち第一位をしめる性に関する問題ですが、これはいわば種族保存の本能として、造物主が植えつけた、最も根ぶかい本能ですから、これを克服するとか、いわんや根切りにするなどということは、とうてい不可能事といってよいでしょう。そしてこの点について、もっとも深く心得ているのが、実は先ほど来申してきた、心深く清らかな人びとだといってよいでしょう。では、それは何故かと申しますと、それらの人びとの心は、先ほど来申すように、鏡のように澄んでいますから、自分の心の幽《かす》かな乱れや動きすら、これを見逃さないからであります。実際、性の本能というものは、前にも申すように、個人を越えた種族保存の本能でありますから、その根ざしの深さは、われわれの個人的生命を越えて、造物主につながっているともいえるわけであります、それ故、いかに心深くして清らかな人といえども、これを断つというわけにはゆかないのであります。随って、それらの心清らかな人びとに共通的に見られる心づかいは、唯その誤れる発動の契機となるような事柄に対して、極力これを避けるような心づかいだったようであります。これを喩《たと》えて申しますと、火を油に近づけることの危険を、最もよく心得ているというわけであります。それというのも、いかに用心しましても、火を油に近づけたら、発火を防ぐことは、ほとんど不可能だからであります。

では、それら心深くして清らかな人びとが、第二に心するのは一たいどのような事柄なのでしょうか。わたくしの考えますのに、それは恐らく嫉妬心への慎しみではあるまいかと思うのであります。と申しますのも、この嫉妬心というものも、実に根ざしの深い本能だからであって、この点ではよほど卓れた人でも、この嫉妬の念を越えることは、まことに至難なことのようであります。そして、この点については、たとえば話題がその人の専門とする事柄に触れ、そしてその人とその専門上で対立し、互いに拮抗しているような人のうわさになりますと、相当リッパな人でも、一瞬その面上をかすめるもののあるのが、大方の場合といってよいようです。ですから嫉妬心という問題を、ただ女性だけのことだなどと考えている程度の人間は、まだ人生問題を考えるところまでは来ていない人といってもよいでしょう。

それというのも、ある意味では、むしろ男の世界における嫉妬心のほうが、なるほど女性のように陰湿ではないにしても、より深刻だともいえるからであります。

ではそれは一体何故でしょうか。わたくしの考えでは、先の性欲の方が種族保存の本能だとしたら、このほうは、まさに自己保存の本能のうち、もっとも内的なものかと思われるからであります。それというのも、普通に自己保存の本能と申しますと、食欲などが真先に考えられるようですが、しかしそれらは、いわば生物的生命の自己保存欲であります。ところがこの嫉妬の本能は、人間の社会的存立の根底につながるものであって、すなわち、自己の存立の根底をおびやかすような強大な同質者が出現しますと、どんなにえらいといわれる人でも、それに対して、一種の敵対的な身構えをせずにはいられないのでありまして、唯それをどこまで露わに表わすか否かが、その人物の人となりというか、教養によると言ってよいでしょう。

そこで、最後に今ひとつ残されている問題として、わたくしは「搾取」の罪悪性という問題を挙げたいと思うのであります。ところで、この搾取の罪悪性が、もっとも雄大な思想体系によって、白日の下に明らかにせられたのは、周知のようにマルクスの功績であります。随って、第一の性に関するつまづきを、種族本能にもとづくものとすれば、第二の嫉妬心は、自己保存に関する内的な罪悪性であり、そしてこの第三の搾取に至っては、まさに社会的罪悪といってよいでしょう。すなわち、他人の努力や労力の成果に対する、一種の組織的な盗みと言ってよいでしょう。しかしこの点については、皆さん方には改めて申すまでもなかろうと思います。

さて以上三種の罪悪性は、われわれ人間における三つの根本的な罪悪として、いかに心深く清らかな人でも、否、そうした人びとであればあるほど、深く自己を省みて、念々恐れ慎んでいられるのではないかと思われるのであります。しかしながら、このような考えをさらに一歩深めますと、これら三種の罪悪の根底には、さらに根深い巨大な「悪」の塊が横たわっているのでありまして、それを仏教では「業」と言い、キリスト教では「原罪」といっているのであります。ではそのような「業」とか「原罪」と呼ばれるものの本質は何かといえば、結局、われわれ人間というものは、すべての物事に対して「自己中心的」な見方をし、かつそれに基づいて行動しがちな根本的傾向があるということであります。そしてそれに対して仏教では、われわれ人間が「我《われ》」と考えているものは、実は仮りの相に過ぎないのであって、その本来をいえば、結局、「我《われ》」というものはないといって、本来「無我」と説くのであり、またキリスト教では、アダム・イブの神話によって、われわれ人間のこの地上への出現そのものが、実は神意に背いた為であるといい、いわゆる「楽園追放」の神話も、結局は「我」すなわち「自己中心主義」によることを象徴している点では、仏教の説くところと、根本的には相通じるといってよいでしょう。

第一五講——伝記に関する二、三の問題

今日も名児耶先生は、校長先生の先導でご入場。そしておもむろに登壇。一礼の後、今日のテーマを書かれ、ついで次のようなテキストを朗読された。

音もなく香もなく常に天地《あめつち》は書かざる経をくり返えしつつ
いにしへは此の世も人もなかりけり高天原に神いましつつ
米まけば米の草はえ米の花咲きつつ米のみのる世の中
蒔けば生へ植れば育つ天地《あめつち》のあはれ恵みのかぎりなき世ぞ
むかしまく木の実《み》大木と成りにけり今まく木の実のちの大木ぞ
苦と楽の花さく木々をよく見れば心の植えし実の生へしなり
春は生へ秋は実のりと成りにけり幾代経るとも果しなき代ぞ
生滅と皆いかめしく思へどもいつも草・実と名のみかはりて
有る無きは打てばひびきの音ならん打たねば絶えて有るや無きやは
手も足も衣《ころも》につつみ窟《あな》にゐて座禅する間にはしる世の中
ちうちうと歎き苦しむ声きけば鼠の地獄猫の極楽
無きといえば無きとや人の思ふらん呼べばこたふる山彦の声

何事も事足り過ぎて事足らず徳に報ゆる道の見えねば
増減は器かたむく水と見よあちらに増せばこちら減るなり
見渡せば遠き近きは無かりけり己れおのれの住み家にぞある
餌《え》をはこぶ親の情《なさけ》の羽音には目を明かぬ仔《こ》も口をあくなり
めしと汁木綿着物ぞ身を助くその余は我れを責むるのみなり
我れというその大元を尋ぬれば喰ふと着るとの二つなりけり
山寺の鐘つく僧は見えねども四方《よも》の里びと時を知りなん

今日で尊徳翁のご紹介を了りたいと思いますので、最後に翁の「道歌」の中から、その若干を引いてみました。ついでながら「道歌」というのは、芸術としての歌ではないが、具体的な人生の真理を歌の形式で表現したものであります。単なるお説教ですと、そう何度も読む気はいたしませんが、和歌の形態になっていますので、何度読んでも倦《あ》きがこないわけです。どの一首にも尊徳翁独自の哲学的な真理がこもっていますから、どうぞ皆さん方も、今後くり返えして読み、できれば五首か八首は暗誦のできるようになって下さい。

○尚前回まで引用してきたテキストは「二宮翁夜話」といって、翁の座談を福住正兄というお弟子が筆記したものが、翁の没後公にせられたものから引用したのですが、現在では、現代語訳になった次のような本もありますから、できれば求めてお読み頂けたらと思います。

「二宮翁夜話」　寺島文夫訳　東京・文理書院

さて前回には、わたくしは、われわれ人間にとって、最も根ぶかい三つの罪悪性について述べると共に、心深くして清らかな人といわれるような人において、これらの罪悪性が、一体どのように考えられているかということの一端について申してみた次第であります。同時に、これら三種の罪悪性のわれわれ人間への根ざしの深さも、思えば実に当然ともいえるのは、結局、これら三種の根深い罪悪性は、結局その終局的根拠を、キリスト教では「原罪」、また仏教的には「業」に根ざすものだということに帰結したのであります。随って、このように考える時、これら三種の罪悪性の、われわれ人間への根ざしの深さも、思えば当然ともいえましょう。

そこで今日は、少しく観点を変えまして、われわれ人間は、つねに偉人の伝記を読むべきであり、そして人間が伝記を読むのに適当な時期が、一生に少なくとも三度はあると思うのであります。あるいはまた、われわれが伝記を通して、偉人に学ぶ場合の、われわれの態度はどのようにあるべきか等々、色々と考えてみたい事柄があるのでありまして、それらについて、果たしてどの程度お話ができるかどうか。話というものは一種の活き物ですから、結局はやってみないことには分からぬというのが、正直なところであります。

さて、わたくしは唯今、われわれ人間は一生のうち、少なくとも三度偉人の伝記を読むべき時期があると申しましたが、それは一体どういうことでしょうか。また、その三つの時期とは、一体いつ頃と考えたらよいでしょうか。

それについて、先ずわたくしの申したいことは、わたくしたちにとって、偉人の伝記を読むことのもつ意味ですが、それに対するわたくしの考えは、われわれ人間というものは、いわゆる理論的な書物だけを読んでいたのでは、真に味わいのある人間にはなれないだろうと思うのでありまして、それはちょうどわれわれの健康は、蛋白質何グラム、脂肪何グラム、澱粉何グラム、それにビタミンAいくら、ビタミンBいくら、Cいくら等々というような化学的分析の結果にもとづいたビン入りの物さえ嘗《な》めていれば、それでリッパな健康になるかというと、大よそそうではないのでありまして、われわれが健康を維持するには、やはり主食には米や麦、また副食物としては、われわれ日本人としては、野菜と魚類を主として、肉類はひかえめにした実際の食物によらねばならぬのと同様でありまして、単に理論的な書物のみに読みふけって、伝記の類を軽んじていますと、人間としてはどうも片寄った人間になりがちであります。世間で、学者はどうも偏屈だとか、冷たいなどといわれますのは、全くこのせいだといってよいでしょう。かくして人が伝記を読むということは、経験と読書と思索によって、それらのすべてを消化し統一して、実生活の上に生かしてゆく上で、伝記というものは、お手本というか、とにかく参考になるわけであります。

では、このような立場から考えて、わたくしが人間は一生に、少なくとも三度は伝記を読むべき時期があると申すその三期とは、一たいどういう時期でしょうか。そのうち、第一の時期については、多くの人がみな知っているのでありまして、それはすなわち少年期から青年期へかけての数年間といってよいでしょう。今それを年齢の上で申せば、小学校の五・六年生から、中学および高等学校へかけてという時期であります。ところでこの時期の読書は、いわば一生のタネ蒔きといってよいわけですから、人はこの時期に、適当な伝記を読むかどうかは、その人の一生を大きく分かつといってもよいでしょう。

そしてそれは結局、それによってその人が、「志」を立てるかどうかという分かれ目になるからでありま す。随って、もしこの時代に偉人の伝記というものを、少しも読まなかったとしたら、そういう人は、いわば鶏卵の無精卵にも似て、大した仕事はできないといってもよいでしょう。

そこで、さらに一歩をすすめて、ではこの時期に読むべき伝記としては、一たいどういうものがよいかと申しますと、それはわたくしの考えでは、世界的にもその名を知られているような、一流の大家の伝記がよくはないかと考えるのであります。そしてそれは、この時期に伝記を読むということは、自分というものが、色々な人間類型の中で、如何なる類型に属するかということを、無自覚的にもせよ、とにかく発見する上で、重大な意義があると思うのであります。それ故この時期における読書は、人間類型を典型的に示しているものがよいわけであります。随ってそれには、いわゆる有名な人物の伝記がふさわしいというわけであります。

そこで、偉人の伝記を読むべき第一期については、一おうこの程度にして、では次の第二期とは、一たいいつごろと考えたらよいでしょうか。それに対してわたくしの考えでは、それは大たい三十代の前半から後半へかけての時期ではないかと考えるのであります。そしてそれは、この三十代という十年間は、われわれ人間にとっては、その人の人間形成において、真に基礎づくりの時代だからであります。随ってこの時代に、そうした自らの自己形成に対して、深い示唆や啓示をうけるような、卓れた人物の伝記を読むか否かは、その人の人間形成の上に、ほとんど決定的といってもよいほどの重大な影響を受けるといってよいでしょう。しかるに世間的には、相当の人といわれている人でも、この時期に伝記を読まねばならぬということについては、ウカツな人が少なくないのは、そもそも何故でしょうか。それは結局その人が、われわれの一生が、二度とくり返し得ないものだということに対して、深い根本的な自覚が欠けているからだという他ないでしょう。

ところで、人生におけるこの第二期の読書のもつ意義がそうだとしたら、ここで読むべき伝記の種類は、原則的には、自己と専門を等《ひと》しゅうする卓れた人の伝記であることが、最も相応しいといってよいでしょう。同時にそれが、世界的水準の人物であるか、はたまた国内的水準の人物であるかは、根本的にはもとより問う処ではありません。しかしその選択のいかんは、その人の将来の事業や成果に対してかなりに深い影響を与えるものだということは、もとより当然といってよいでしょう。

さて、それでは人生における第三の読書の時期は、一たいいつごろと考えたらよいでしょうか。この点については、わたくしの考えでは、大たい六十歳辺から八十歳辺へかけての前後二十年間ほどかと思うのであります。では、人生の晩年ともいうべきこの時期に、もう一度伝記を読む必要があるというのは、一たい何故でしょうか。それに対して、わたくしの考えますには、そもそも人生の晩年というものは、もしこれを戦争にたとえて申すとしたら、まったくこの世からの撤収作戦といってよいのでありま す。ところが、戦争においてもそのようですが、人生においてもこの撤収作戦というものは、非常にむつかしいのであります。それというのも、人間の一生というものは、そのスタートは、何ら自身のあずかり知らぬことだったわけであります。もっともそれ故にこそ、人生の意義は深いと思いますが、それに対して人生の終末のほうは、われわれ自身が、その全責任を負わねばならぬと思うのであります。同時に、そこからしてわたくしたちは、六十代から八十代へかけての二十年間というものは、もう一度心して先人の伝記を読まねばならぬと思うのであります。それは前にも申すように、いわば人生からの撤収作戦の仕方について、古人ならびに先人に学ぶべきだと考えるからであります。ところがこの点について、世上果たしてどの程度行なわれているかどうかを、わたくしは存じません。それというのも、いわゆる読書好きの人びとの中には、そのころはすでに現職を退いた気楽さと、時間のゆとりのために、晩年ある程度読書を楽しむ人はあるようですが、しかしそれらの人びとのうち、果たしてどれほどの人が、唯今わたくしが申したような意図を以って、伝記を読んでいるか否かについては、ついに知る処がないのであります。

さて伝記の問題に関して、ここまでたどり着いたわたくしは、伝記に関する今ひとつの問題として、われわれが伝記を通して、古人に学ぶ場合の態度について、考えてみたいと思います。そしてこの点について、わたくしには、大別して三種の態度が考えられると思うのでありまして、その第一は偉人の生涯と思想について、書物を主として文献的に研究するのを、主とする立場であります。しかし現代のような時代には、そのうちにも、自《おのず》から二種の別があるようであります。そのうち第一の立場というのは、現在の立場にたって、過ぎ去った偉人の思想なり行動なりを批判的に研究する立場であります。しかしながら、そのような立場にたつ研究は、一見いかにも鋭そうに見えますが、しかしそれには、さまでの苦心は要しないわけであります。それというのも、時代を異にした偉人の言動を、現代のような人類史上空前の変革期を迎えつつある時代に、ここまでたどり着いた現在の思想によって、いわば一刀両断的に批判し去るということは、ひとり容易なばかりか、ある意味では心なき業《わざ》ともいえましょう。

ではそれに対して、第二の立場とは如何なるものかと申しますと、それは一応自分の視点を、古人の生きていた時代にまでさかのぼらせて、その偉人の生きていた時代とその立場にわが身を置きつつ、古人が成しとげた偉業と、その辛苦のほどを浮き彫り的に、いわば一種の立体的手法によって読むという読み方でありまして、この読み方のほうが、古人の生命に肉迫する点では、第一の立場よりはるかに深いといってよいでしょう。

では、これに対して第三の立場とは、一体どのようなものかと申しますと、それは「この偉人がもしこの現代という時代に生きていたとしたら、一体どのような生き方をするであろうか」と考える立場でありまして、これはも早、いわゆる「研究」などという立場を越えて、直接現前の自分の生き方につながる立場といってよいでしょう。もちろん、時代その他一切の条件が、根本的に変化してしまっている現在において、たとえば中江藤樹先生とか石田梅岩先生などが、もし現在生きていられたとしたら、一たいどのような生き方をされるであろうか、と考えてみるということは、実に容易ならぬ業というよりも、ほとんど至難の問題といってよいでしょう。しかしながら、真に古人に学び、その生命を現代に再現せしめようと考えるならば、このような考え方もある程度許されてよいかと考えるのであります。

同時にこのような立場は、もはや単なる一学究の立場を越えて、一人の人間として、さらには一人の行動者ないしは実践人として、自らの「生」の原動力を、過ぎ去った時代の民族の先聖に汲むと共に、それをこの現代という時代の中に生かすという立場なわけであります。ところが、古人の精神を真に現

代に生かすというには、わたくしにはどうもこのような立場以外にはないように考えられるのでありま
す。随ってそれは、いわゆる客観的・文献的な研究ではなくて、われわれ自身が一人の人間として、さ
らには一個の行動者として、自らの「生」の根源力をいずこに求めるか、という問題だといってよかろ
うと思うのであります。

第一六講――耐忍と貫徹

道服姿の名児耶先生には、今日も校長先生の先導でお越しになり、やがて登壇。一礼の後、今日のテーマを書かれてから、次のテキストを朗読された。

(一) 自伝というよりも真理について語りたい　ガンジー

「正真正銘の『自伝』を書くのが私のねらいではない。私は真理（真実）も数多く体験して来ているので、それについて語りたいと思うだけのことである。

政治面での私の経験は、インドばかりでなく、部分的には（白人の）『文明』世界にまで知られているが、それらは私にとっては、大してねうちのあるものではない。したがって、おかげで手に入れることになった『マハートマー』（偉大なる魂の意）の称号など、なおさら値打ちがない。私はこの称号には、一再ならず苦しい思いをさせられており、一瞬たりとも、それを耳にして嬉《うれ》しくなったことは記憶にない。」

前回までは、日本民族が明治維新前に生んだ、最大な哲人的行動人たる二宮尊徳翁の思想について、その一端をご紹介して来ましたので、今日からは、わたくしがもっとも深く尊敬しており、かつ釈尊以後、インドの生んだ最大の偉人ともいうべきガンジーについて、そのコトバの若干を手がかりにしつつ、その偉大な人間像の片鱗を伺ってみたいと思います。

ガンジーは、奇しくもわが明治二年に生まれており、痛ましくも凶弾に斃《たお》れたのは、昭和二十二年一月十三日で、歳は七十九才でしたから、わたくしたちにとっては、比較的身近かな存在なわけであります。そしてその七十九年の生涯は、文字通り全インドの民衆のために捧げられましたが、それは結局二百年に余る英国の植民的支配を脱して、祖国の独立を克ちとることだったのであります。しかもそれが、奇しくも、大東亜戦におけるわが国の無条件降伏が契機となったということは、何ともいえない歴史の奇蹟といってよいでしょう。こうしてガンジーは、ついに終生の大目的は達しましたが、それから二年後には、若い狂信的な青年の凶弾により、ついにこの世を去ったのであります。

今日のテキストで注目すべきことは、ガンジー自身は、自分が「マハートマー（偉大なる魂）ガンジー」と呼ばれることに対して、それを喜んだり、いわんや得意になどなったことは、一度も無かった——という告白であって、こうした処に真に偉人の偉人たるゆえんはあるといえましょう。とにかくわたくしが、ガンジーを尊敬して止まないのは、ガンジーにおいては、宗教と政治とが、完全に融合している点でありまして、ガンジーの信念と行動とは、人類の将来にとって、絶大な光明となる日の来ることを、わたくしは堅く信じて疑わないのであります。

前回では、ご承知のようにわたくしは、「伝記をめぐる諸問題」というテーマのもとに、平生わたくし自身の考えている事について、そのあらましをお話したのであります。そしてその際にも申しましたが、わが国では学問というものが、とかく理論偏重の弊に陥りがちでありまして、そうした理論を生み出し、これを背後から支え、さらにはそのような理論を縦横に駆使する人間的主体というもののほうが、ともすれば看却されがちなきらいがありまして、これは学問自身のためからいっても、じつに重大な誤りだと思うのであります。そしてそのような弊は、現在の大学教育においても免れ難いというのが、わが国の現状であります。

そもそも学問といい理論というものも、元来人間によって自在に使われるのでなければ、その意味はないわけであります。否、それらは、絶対に無礙《げ》自在なる人間主体によって、縦横に駆使せられるべきであります。随ってまた、真の学問というものは、単なる理論的構築に了るべきものではないのでありまして、むしろそれを自在に駆使する人間的主体は、どうしたらこれを打ち建てることができるか――という新たなる「人間の学」が生み出されねばなるまいと思うのであります。しかも、わたくしが新たな「人間学」といわないで、新たなる「人間の学」と申すのは、単に「人間学」というだけでは、現在のわが国の学界では、西洋哲学の一変形ともいうべきものと考えられているからであります。

今わたくしは、図らずも新たなる「人間の学」の必要に言及したわけですが、実はこの「人間の学」というコトバについては、この講話の初めの辺りで、すでにそれへの要請について述べたのであります。それゆえ皆さん方の中には、「もしそういう考えだったら、ナゼもっと早くから、その〝人間の学〟というものの輪郭だけでも、示さなかったのか」と思われる方もないではないでしょう。ところが、わたくしからいえば、わたくしのいわゆる新しい「人間の学」というものは、学というコトバによって、人びとの連想するようなものではないのであります。それというのも、わたくしの要望している新たなる「人間の学」というものは、すでに申したように、単に西洋哲学の一部門としての、知に偏した、いわゆる理論的体系的なものを、必ずしも意味してはいないのでありまして、その点では、東洋の学である儒教や仏教の精神を、現代の現実に即して展開するという意味からは、むしろ新たなる「行学」ないしは「行動の学」といってもよいわけであります。それ故そこで重んじられるのは、かのイカを開いてスルメにしたような、いわゆる死んだ理論体系ではなくて、むしろ生きたイカのその生きているままの姿を、どうしたら把握し彷彿《ほうふつ》させることができるかという点に、その本来的なねらいはあるといってもよいのであります。しかしこうまで言っても、まだ「そういう学問というものは、どうもその見当さえつけにくい」といわれる人があるとしたら、いたし方ありませんから申しますが、実はわたくしがこの講話において試みているのも、実はそのような新たなる「人間の学」への、一つのささやかな試みといってもよかろうかと、ひそかに考えている次第であります。

さて前置きがやや長くなりましたが、しかしこれはわたくしとしては、どうしても何処かで一度は申さねばならぬと考えていたことなのであります。それというのも、もしそうしなかったならば、わたくしのこの「幻の講話」なども、いわゆる西洋風な学問形態に囚われ、そういうもののみが真の学問だと考えているような人びとには、単に啓蒙的な通俗講話としてしか受けとられないのではないかと思うからであります。しかしながらわたくし自身としては、必ずしもそうではなくて、これもまた東洋における学問形態の一種として、たとえば、かの中江藤樹先生の「翁問答」とか、または石田梅岩先生の「都《と》鄙《ひ》問答」、さらには熊沢蕃山先生の「集義和書」、ないしは吉田松陰先生の「講孟余話」などのように、民族の先賢の学問的努力の末流に汲みたいと希《ねが》っているわけであります。すなわち、われらの民族における学問と教育とは、このようなものと全く断絶したものでは、真の人間主体の確立は期し難いのではないかと、考えているわけであります。

そこで、以上大へん長い前置きになりましたが、では、本日わたくしが題目として掲げた「耐忍と貫徹」という問題では、一体どのようなことを意図しているかといえば、結論的には、すでにテーマ自体が証示しているわけでありまして、いわゆる説明のための説明などというものは、全く無用といってよいでしょう。では、そのように自明な事柄でありながら、何ゆえ此処にとり上げるかと申しますと、知性の単なる平面的理解の立場を一擲《いってき》して、どうしたら、そこに含まれている行動的実践的な真理を身につけることができるか、ということにそのねらいはあるわけであります。同時に、このような立場に立ちますと、問題の象面は百八十度転回して、それは何人にとっても、実に容易ならぬ問題だということが分かるのであります。それというのも、この〝耐忍と貫徹〟という一事の中にこもる実践的真理は、われわれ人間主体においては、実に不可欠な重要な要素だからであります。しかしながら、このような心的属性を獲得して、これを十分に身につけるには、一体どうしたら良いかということになりますと、一代の聡明を謳われる哲学者にしても、もし卒然としてこの種の行動的実践的課題をぶつけられるとしたら、何人も一瞬のためらいを感じて、即答しうる人は稀《ま》れだともいえましょう。

そもそも、どうしたら子どもたちを、真に忍耐づよい子にすることが出来るかということさえ、理論を主とする西洋の近代教育学のいずこに、それへの示唆が見出せるでしょうか。わたくし自身の考えでは、外形的にはささやかとも見える、この種の問題一つを取り上げてみても、そこには無限な動的真理が内包せられていることが分かるのであります。何となれば、真に耐忍という徳目を身につけようとしたら、人は根本的には、まず何らかの程度における人生への立志の開眼――かりにそこまではいわぬとしても、少なくともそれへのタネまき程度のことは為されねばならぬからであります。けだし〝耐忍〟ということは、その根底に困難に耐えるという消極的形態においてではあっても、生命の一貫的持続性が予想せられているからであります。

そもそも〝耐忍〟が持続を予想するというは、まさに当然のことでありまして、耐忍とは、現実の重圧下に身を置きながら、しかも自らの生命の全的緊張によって、かかる重圧に対するいわば一種の消極的抵抗の姿勢の持続に他ならぬからであります。それゆえ、かく解してくる時、古来われらの先賢によって、〝耐忍〟の意義の重視せられたことは、何ら怪しむに足りないのであります。何となれば、この現実界においては、かかる耐忍という生命の錬獄を通過しないで成就せられる、如何なる価値あるものもかつて無いからであります。

しかしながら、耐忍の貴いのは、必ずしもそのように、これが事の成るために、絶対不可欠な条件だというだけではなくて、それはさらに〝耐忍〟そのものによって、その人自身の主体的鍛錬がなされるが故でありまして、これら両者のうち、果たしてどちらの意義がより大きいかは、にわかに断じえないと思うのであります。

ところで、このように、この現実界においては、耐忍の徳のもつ意義は、実に予想以上に重大だといえましょうが、しかし、単にそれだけに留まるものではないのでありまして、それはさらに、その意図した目的の〝貫徹〟によって、貫かれねばならぬのであります。そしてこうした点からも、〝耐忍〟と目的の〝貫徹〟とは、もともと不可離の関係にあることが分かるのであります。すなわち、単に人生の重荷に対して、耐え忍ぶというだけでは、かの封建制下における忍従みたいなもので、そこには何ら積極的な意義は認められぬといってもよいでしょう。

そもそも目的概念というものは、それ自身、内に生命の自己還帰を内包しているといってよいのでありまして、この真理をもっとも端的に実証しているものとしては、かの植物界における種子から出て種子に還る、植物的生命の自己還帰に明らかですが、しかしこの真理は、ひとり植物的生命だけでなくて、広く人間的真理の諸相の中にも伺われるのであります。すなわち、ここでわたくしが申したいと思っている事柄は、われわれ人間の目的に向かう努力と精進は、実は目的自身の中に内包せられていたものが、自己へ還ろうとする生命の回帰運動といってもよいからであります。同時にこの点について、子どもたちに耐忍の徳を身につけさすためには、実は何らかの程度における「立志」の必要のあることを、すでに指摘したゆえんであります。

さらに、今ひとつの重要な実践的真理としては、教育上子どもたちに忍耐心を養わせるには、ある程度、肉体的苦痛に堪えさせる必要があるということでありまして、これは実に看過することのできない深刻な、現実的真理だと思うのであります。実は、わたくし自身初めてこの真理への示唆を受けたのは、愛知県人で独学でよく高等学校長となり、衆望を担われた竹生欽次氏の物された教育の断章からでありましたが、さすがに――との感慨を禁じえなかったのでありまして、おそらくこれは、氏がその永い人生経験を通して体得し確証せられた深い人間的真理の一つといってよいでしょう。

では、忍耐心を子どもたちに養成するには、何故ある程度、肉体的痛苦に堪えさせる必要があるかというに、それは、もしそのような身体的基盤を欠くとしたら、たとえコトバの上で、いかに忍耐心が大切だと説いても、またそれを聞く子どもたち自身としても、なるほど心の中ではもっともだと考えても、畢竟《ひっきょう》するに、それはまだ観念的理解の域を脱していないわけですから、一たん現実の重圧に出逢いますと、そうした観念的な教説は、ひとたまりもなく吹っ飛ぶのであります。しかもそのような場合、たとえ一種の観念的な教説でありながらも、尚かつそうした苦難に堪える力をもつのは、すでに述べたように、目的意識自身のもつ力であり、さらにはそれをその根底から支えている、肉体的痛苦に堪える鍛錬だといってよいでしょう。そしてその際「目的意識」といったのは、結局はその人自身が、自らの人生に対して打ち樹てた「立志」という、生命の発芽と発光の力という他ないでしょう。同時に、このように考えてくる時、われわれは先にも一言したように、耐忍の徳、ないしは忍耐心を養うための、具体的な方途を解明するものがもしあるとしたら、それは西洋的ないわゆる「学」の概念、ないしは理論形態とは、まったくその趣を異にするものでありまして、現実の人生における重要な結節点に対して、英知の光を当てるものとして、われわれとしてはかかるものをも、生きた「人間の学」の一部を形成するものとして、重視したいのであります。

第一七講 —— 逆算的思考法

道服姿の名児耶先生は、今日も校長先生のご先導で入場せられ、やがて壇上に上がられて、一礼の後、今日の題目を書かれ、そして次のようなテキストを朗読せられた。

(二) 一人に可能なことは万人にも可能である

ガンジー

「私が為しとげたいと希《ねが》っていること、すなわち私が過去三十年間、為しとげようと奮闘し熱望してきたことは、自我実現という神との対面、すなわち『解脱《げだつ》』への到達である。私の生活、私の行動、私の存在の目標は、まさにそこにある。私が話したり書いたりすることも、政治面で行なう冒険も、すべてがこの同じ目的に向かっている。

だが、一人に可能なことは万人に可能であるというのが、私のつねに変わらぬ信条なので、実験は私室ではなく野外で行なってきた。そのために精神的な価値を減ずることにはならぬと思う。」

ここに引いた一節は、前回のと同じく、ガンジーの「自伝」の最初のところにあるコトバですが、これによって明らかなことは、かれが終生取りくんで奮闘して来たことは、ちょっと考えますと、「祖国インドの独立」だと、何人も考えやすいでしょう。しかし内実はそうではなくて、つねに神の面前にある思いで為された「自我の本性」の発揮、実現という、人間生命の最も深い内的な希求だったというのですから、全く驚くではありませんか。かれはそれをまた「解脱への到達」ともいっていますが、それは「真我」の実現には、仮我すなわち自己中心的な我欲からの脱却が、不可欠だからであります。

随ってガンジーにあっては、逮捕、投獄、断食というような、自己の一切を賭けたその政治的活動も、すべては神の面前における自己の訓練であり、自己浄化に他ならなかったのであります。こうした点からしてわたくしは、現在、自由主義国と共産主義国とに分かれて、相対峙《あいたいじ》している人類が、やがてそうした対立を越える段階に達したら、その時最高の指標となるのは、恐らくはこのガンジーの思想ではないかと確信するのであります。何となれば、それは宗教と政治との合一、言いかえれば、神の光に照射せられた政治だからであります。

前回には、わたくしは「耐忍と貫徹」と題して、われわれが目的を貫徹するためには、忍耐という徳目がいかに必要かということについて述べたわけですが、しかしわたくしとしては、それを単なる日常的な心得という意味でお話したのではなくて、実はそうした処に、わたくしの考えている新しい「人間の学」の一つの問題のあることを、ついでに述べてみた次第であります。

それというのも我われは、明治維新いらい西洋風な理論的形態の学問を、唯一の学問形態と考えるようになった為に、学問といえばそのすべてが、いわゆる理論的体系的な形態を持っていなければ、学問とは言えないかのような考え方が、わが国の学界ならびに教育界を支配しているようですが、しかしわたくしは理論に対しては、それを生み出す主体の在り方はもとより、さらにはこれを生かして、自由に駆使する主体の行動様式もまた必然に、生きた学問の中には包摂せられていなければなるまいと考えているのであります。前回お話した「耐忍と貫徹」はもとより、今日これからお話しようと考えている「逆算的思考法」などというものも、やはり同様な意味をもつものと言ってよいのであります。すなわち、この「逆算的思考法」というもの一つを取り上げてみても、学問に従事している人々自身にしても、何らかの意味で、このような思考法を使っていない人はないと言ってもよいでしょう。

ではここにいう「逆算的思考法」とは、一体どのような事をいうのでしょうか。この点についても、西洋的な学問では、まず思考作用そのものについての、一般的理論的な考察が主になって、それから個々の特殊的な思考法の特質を位置づけてゆく、というやり方をするわけであります。もちろんそれにはそれで、それに特有な意義がないわけではありません。しかしながら、いま「逆算的思考法」とは、どのようなものかということを明らかにするには、必ずしも、そうした思考作用の一般的考察から出発しなければならぬということはないのであります。もちろんそうしたやり方も、確かに一つの方法には相違ないでしょうが、しかしそれ以外にも、たとえばこの「逆算的思考法」のように、直接そのもの自体について考える、というやり方もあるわけであります。

ではわたくしの言おうとしている、この「逆算的思考法」とは、一体どのような思考法をいうのでしょうか。今それについて、最も具体的に述べるとなれば、わたくしにとってはこの場合、この「幻の講話」第五巻の執筆計画についてお話するのが、一ばん手近であり、かつ皆さん方にとっても、分かりやすかろうと思うのであります。

そこでまず、この「幻の講話」という、わたくしにとっては、おそらく今生《こんじょう》における最後の啓発的叢書を書くにあたり、最初にまず何巻にしたものかということが、真っ先に問題となったのであります。ところがそれについては、これに先行する例の「修身教授録」が五巻ですから、この「幻の講話」のほうも全五巻に――という処までは、大して迷うことなく決めることが出来たのであります。ところが、次に問題となったのは、各巻の分量であって、その点については、「修身教授録」よりも紙数を多少減らそうと考えたのであります。では何故そう考えたかと申しますと、「修身教授録」は戦前に出来たものゆえ、あの程度の頁数でも人びとはさまで分量が多過ぎるとは思わなかったのであります。ところが戦後になりますと、同じ日本人でありながら、テレビその他の影響によって、一般に書物を読む根気が少なくなりましたので、「修身教授録」と同じ程度の頁数では、どうも分量がやや多過ぎるだろうと考えたのであります。

このようにして、㈠全体の巻数および㈡各巻の分量について、大たいの見当がつきましたので、次には各巻の程度を、一体どのようにしたらよいかということが、当然問題となるわけですが、この点については、最後の一歩手前まで心を使ったのであります。それというのも、「修身教授録」の場合には、対象になった天師[1]の生徒は、いずれも本科[2]三年生でしたから、制度は変わっても、程度は、現在の皆さん方とほぼ同じ程度だったわけであります。ところが今回の「幻の講話」は、そういうわけにも参りませんので、一巻ごとに多少ずつ程度を違える必要があると考えたのであります。でないと、読む方が倦きるばかりでなく、生きた具体的な真理というものは、それぞれ程度の違う表現ができ、またその必要があるからであります。そこで、第一巻は、早ければ小学六年辺から一おう中学の一、二年生を対象として考え、ついで第二巻は、中学の二、三年から、時には高校の一年生辺を対象とし、そして第三巻は一般女生徒を対象とし、そして第四巻は、中学三年から高校の二年生辺を対象として考えることにしたのであります。

①現在の大阪教育大学の前身にあたる府立天王寺師範学校　②現在の新制高校の三年生程度

そして最後のこの第五巻は、最終巻として、その程度というか対象としては、かなりな巾を持たすようにしたいと考えたのであります。つまり高校の二、三年生から、場合によっては大学前期の人びとをも想い浮かべつつ、話を進めることにしたいと考えたのであります。しかし以上はホンの一おうの目安に過ぎず、学年間の程度の差については、事柄の性質上、あまり深くは問題にしないことにしたのであります。

ところで以上はまだ、この「幻の講話」の成立に際してはたらいた「逆算的思考法」の、ごくあらましに過ぎないのでありまして、実際問題としては、むしろそれ以後各巻の決定から、その進め方等々に関してこそ、この「逆算的思考法」の如実の模様もよく伺えるわけですし、またその威力もよく発揮できるわけですが、しかし、それではあまりに事柄が具体的であり、かつ実際問題に深く立ち入り過ぎますので、ここでは一おうこの程度で置くことにしたいと思います。

しかし以上申したことによって、わたくしのいわゆる「逆算的思考法」というものが、大よそ如何なるものかということについて、あらましの見当はおつきになったかと思うのであります。そこで以上述べてきた事柄に即しつつ、この「逆算的思考法」というものの特質について申してみますと、この「逆算的思考法」というものは、われわれが何か一つの事柄を仕上げる際に適用すると、その妙を発揮するのであります。それには、最初にまずその仕事のでき上がった姿、すなわちその完成像を、心の中に想い浮かべるのが第一に大事なことでありまして、これが一切に先んじて大切な点といってよいでしょう。この「逆算的思考法」というコトバは、現在普通にはさまで使われていませんが、しかし実際には多くの人びとが、それぞれ何らかの程度で、このような思考法を使っているといってよいでしょう。それというのも、現在まだ出来上がっていないものを仕上げる場合には、まずその完成した像《すがた》を心の内に想い浮かべ、それを実現しようとするわけですが、その際その人がその事物を、どれほどまで正確かつ的確に、心の中に一種の心像として想い浮かべうるかどうかということが、その人の思考作用においてはもっとも重要な作用《はたらき》ではないかと思うのであります。そしてそのことが、一ばん端的かつ的確に実証されるのは、やはり建築ではないかと思うのであります。

皆さん方はまだ若いですから、自分で家を建てた経験のある人は一人もないわけですが、(一同笑)もし将来自分で家を建てる際、ある程度その設計をやってみますと、人間の思考力というものは、上に申したように、やがて出来上がるであろう建物の完成像を、まだ着手しない時期において、あらかじめどれほど正確かつ明瞭に、心の中に想い浮かべうるか否かということが、その人の思考力の程度だということを、身に沁みて痛感せられるだろうと思うのであります。

さて以上わずかに、自分のこの「幻の講話」の計画と、今申したように、建築というものについてお話したに過ぎませんが、この「逆算的思考法」のもつ真理は、実際驚くほど多くの事柄に関して、われわれの思考作用として働いていると思うのであります。たとえば、皆さん方が学校の運動会とか、文化祭など一つやるにしても、その際に作用《はたら》く思考力は、根本的には皆この「逆算的思考」だといってよいでしょう。たとえば、文化祭などの際、演劇クラブで劇でもしようということになったら、上演する脚本の選定から、出演するメンバーの決定、さらには衣装や道具の入手等々はもちろん、最後は、練習期間として大体どれほどの時日が必要なかを考え、それにより、練習の開始を一たい何日からとしたらよいかということにもなるわけであります。かくしてこの「逆算的思考法」が、もっともよくその威力を発揮するのは、完成仕上がりの最終的期日から逆算してみて、「そうすれば、少なくとも何月の何日ごろから着手しなければならぬ」というふうに、着手の期日を手ぐり寄せてくるその手堅さこそ、この「逆算的思考法」のもつ長所というか、むしろその威力が発揮せられるわけであります。

ところで、そのような場合、この「逆算的思考法」において働く知慧は、これまでの度重なる人生経験によるわけですが、しかもわれわれ人間というものは、どうも機械のようにはいかないのでありまして、よほど手堅いというか、甘くない見通しと計算をしてみたつもりでも、多くの場合、まだ計画が甘かったというのが通例であります。そしてその点の甘さが次第にとれてくるに従って、この「逆算的思考法」は、いよいよその威力を発揮するわけであります。

ついでながら、この点に関して、わたくしがもっとも心配し、しかも結果的には感心したのは、例の万国博でありまして、あれほど規模の広大な地域に、しかも世界各国の会館が建築されたわけですが、しかも開会の期日は、世界に向けて公表せられていますから、たとえ一日でも、否、半日といえども、遅らすわけにはゆかないのでありまして、それを思うごとにわたくしは、当時近くに住んでいたせいもありましょうが、人知れず心配したものでしたが、幸いにしてその点については、文字通り何らの錯誤も遺漏《いろう》も無かったのでありまして、ほんとうに心から安堵《あんど》もし、また敬服したのであります。

以上甚だ不十分でしたが、わたくしのいわゆる「逆算的思考法」というものが一たい如何なるものかということが、あらましお分かりになったかと思います。今それをふり返って要約してみますと、㈠完成期に出来上がるところの完成像を、できるだけ鮮明かつ的確に、心の中に想い浮かべると共に、㈡その構造を明らかにし、㈢かつそれに要する材料、資料、資材ならびに用具などを、あらかじめ事前に整備すること——一たん仕事に着手してから、それらの物の不足に気づいて、あわて出すなどということは、言語道断な醜態ですから——㈣次には、時期的な観点から、完成仕上がりの期日を確定すると共に、㈤それに応じて、着手の期日を決定すること等々といってよいでしょう。しかもこのような思考法に対して「逆算的」と名づけたのは、主として第五の点、すなわち完成仕上げの期日から逆算して、その着手期日を甘くないように算出する手堅さこそ、この思考法の最大のこつというか秘訣があるからであります。

どうぞ皆さん方も、こうした現実の切実な真理に対しては、その卑近な日常性のために軽んずるようなことのないことを切望して止みません。何となれば、万国博の例によってもお分かりのように、この現実界においては、事柄の大小に拘らず、ほとんどの事柄が、いずれもこの「逆算的思考法」と無縁なものはないといってよいほどだからであります。随ってまた、この「逆算的思考法」の練達者は、ある意味では、この人生における成功者といってもよいわけであります。

第一八講——事務を処理する秘訣

道服姿の名児耶先生には、今日も校長先生の先導でご入室になり、やがて壇に上がられ、一礼の後、今日のテーマを記され、次のテキストを朗読された。

(三) わが宗教観

ガンジー

「わたしのいう宗教は、形式的なものとか、慣習的なものではなくて、あらゆる宗教の基礎を為すものであり、人間を神に面と向かわせるものである。

私はヒンドウー教(印度教)を、あらゆる宗教よりも高く評価しているのは確かであるが、しかしそれが私のいう宗教ではない。私のいう宗教とは、ヒンドウー教を超越し、人間の本性そのものを変え、人を真理から離れぬように、しっかりと結びつけ、そして常に浄化するものだ。

それは人間の本性にふくまれる永遠なる素質であり、完全に表出されるためには、如何なる代価も惜しまない。またそれは創造主を知り、創造主と自己との真の一致を感知した魂が、本来のものになるまでは、全く落ちつかせないものである。」

ここには、ガンジーの宗教感が、端的に伺われます。そしてそれは、いわゆる既成宗教に囚《とら》われたものでない——ということが、注目すべき点だと思います。すなわち、かれの宗教とは、単なる慣習的形式的な宗教ではなくて、面々、神と対面しているような、真の生きた宗教をいうわけです。

ガンジーは、ふつうには印度教(ヒンドウー教)徒だと見られているようですが、しかし彼自身は、その内面においては、印度教を越えていたことは明らかです。そして彼が、真の宗教は「人間の本性そのものを変え、人を真理に堅くむすびつけて、常に浄化するものだ」——といっていることは、深く注意すべき点であって、つまり、真に生きて働いている宗教でなくてはならぬ、といっているわけであります。

同時にわたくしからいえば、かれの宗教観が、このように一切の既成宗教のわくを越えたものであったが故にこそ、彼においては宗教的信念と、現実の政治的活動とが、まったく比類なきほどの美事な融合、否、統一を遂げたゆえんかと思われます。


前回には、わたくしは「逆算的思考法」という、皆さん方にとっては耳馴れないテーマについて、お話したのですが、それによってわたくしは、日常の仕事を遂行してゆく上で、ひとつの重要な思考法というか、工夫についてお話してみたわけであります。もっとも、わたくしがお話したような事柄については、ことさら「逆算的思考法」などと呼ばなくても、皆さん方はその日常生活において、事実上この思考法を利用していられる場合が少なくないでしょう。というよりも、むしろ何らかの程度で、これを使用しない人のほうが珍しいといってもよく、否、それはほとんど絶無といってもよいほどでしょう。しかしそれにも拘らず、それに対して「逆算的思考法」というような、新しい命名をすることによって、わたくしたちは、こうした方法というかやり方に対して、一そう意識的自覚的になるといえましょう。

なると思うのであります。

そしてこれは、われわれがこの世に処して、事を仕上げてゆく上から考えると、非常に大きなプラスに

そこで今日は、こうした立場からさらに一歩を進めて、われわれ人間が、日々当面している物事とか、事務とか、さらに色々な雑事とかいった種類の事柄を処理してゆくには、一体どのような工夫ないしは秘訣があるか——というような問題について、考えてみたいと思うのであります。

さて、そうした点に関連して、わたくしとしては最初に一言申して置きたいと思う事柄があるのであります。それは、一体どういうことかと申しますと、現在の皆さん方には、まだよくはお分かりになられでしょうが、この世の中というものは、実はそうした何でもないような、一見したところでは、実につまらぬと思われるような事柄の、ほとんど連続といってよいほどだということです。こういっても皆さん方には、まだわたくしの申していることの真意は、分かって頂けないと思うのであります。何となれば、皆さん方は、まだ親がかりの身の上であって、自分の力で自分の生活を支えている独立者ではないからであります。もし将来皆さん方が学校を出て、一人の社会人となり、社会を構成している組織の中の一員になられたら、唯今わたくしの申したことの一端が、はじめて分かりかけるといってよいでしょう。その上さらに仕事の上で、多少なりとも部下を持つようになられますと、これからわたくしの申すことが、いかに深刻で、かつ切実な真理かということが、次第にお分かりになるだろうと思うのであります。

しかし、このように申しても、まだ皆さん方は「でもそれは、実業界とか官界の人々のことであって、

学者とか芸術家、また宗教家などの場合には、そうした俗事などはなくて、毎日読書や思索、あるいは制作に没頭して、そうした種類の煩わしさなどとは、まったく無縁の生活をしているんだろう」くらいに思われるでしょうが、学者や芸術家ないしは宗教家などにしても、その実情は、けっして現在皆さん方が考えていられるような単純な生活ではないのであります。

たとえば、学者を例にとってみましても、朝から晩まで、書物を読んだり書物を書いているようなものではないのでありまして、朝起きれば、朝食前にもう電話がかかってくる。そして出てみると、原稿の催促であってみたり、あるいはまた親戚の者が、昨夜わが家から帰りに、自宅のすぐ近くまで来たのに、そこで後の車に追突されて、今日はこれから病院へ出かけて、精密検査をしてもらうから、詳細は病院から帰ってもう一度報告する――というような事だったりもするわけです。そればかりか、昨夜はじめてその報告のあった際には、大へん驚いて、親しい親戚に電話をかけて知らせたり、また先方からの問合わせがあったり――というわけです。

さらに朝食をすませて、原稿を書きかけていると、そこへまた電話があって、それはむかし教えたことのある人から、その知り人のAという人を、こちらの知り人であるBに紹介してほしいという依頼です。そこで借金はなるべく早く返すにしくはなしと思い、次の日曜日の読書会の際、少し早目に出かけて、某百貨店で目下開催中の、中世紀にトルコにあったキリスト教の修道院だったカッパドキヤの巌窟の壁画を模写して帰った日本画家三人の展覧会があるので、そこで落ち合うことに決めて、ホッとして原稿にとりかかると、そこへまたドサッと音のするほど沢山な郵便物がくるという有様です。

さて以上は、学者などというほどの者でもないわたくし自身の、昨夜から今朝にかけての生活の一断面でありまして、プライヴェートな事柄で申しわけないとは思いましたが、しかしその方が、結局は実情をよく分かって頂けるかと思って申した次第であります。しかしこれによってもお分かりのように、学者とか芸術家、または宗教家だって、大たい似たり寄ったりの生活でありまして、わたくしたちが社会の一員として生きている以上、こうした世俗的な雑事の網の目から逃れて、ただひとり静かに生きるというわけにはゆかないのであります。

そこで、どういう事になるかと申しますと、このように、いわばがんじ搦《がら》めに取り囲まれた、世俗的な雑事の重圧に対して、いかにこれを突破し、そしてそこに一道の血路を拓くかということこそ、それらの人びとが、リッパな業績を挙げるか否かの岐《わか》れ路《みち》といってもよいでしょう。いわんや、普通の実業界とか官公庁の仕事に従事している人の場合においておやであります。

そこで、このように考えてきますと、仕事の処理と申しますか、むしろ世俗的な事務のさばき方のいかんということは、わかい皆さん方の考えていられるのと比べて、それこそ何十倍もの比重を持つといってよいでしょう。と申しますのも、先ほど申したことによってもお分かりのように、人びとの多くは、それらの事務を、いわゆる俗事と呼んでいる人が多いようですが、しかし見逃してならないことは、それらの事務は、何らかの意味で、いずれも対人的な事柄なのであります。そこで、一見したところでは、何でもないような事柄でありながら、その処理をおろそかにいたしますと、それはやがてその人との人間関係にも響いてくるのであります。一例を申してみれば、ある人が亡くなられて、これも昨日遺族の方から満中陰（忌明け）のお返しが百貨店から届けられましたが、いかに著述の最中とはいえ、その礼状を怠ったり、あるいは遅れたりいたしますと、ご遺族の方としては、やはり水臭いということになりましょう。わたくし自身の心の中では、著述の最中にお礼のハガキを書いても書かなくても、亡くなられた当の故人に対する気持ちの上には、いささかの変化もないにも拘らず、ご遺族との関係から申しますと、そうとばかりは言っていられないのであります。

さて、以上お話してきたことによって、皆さん方としても、事務的な事柄というものは、これを渋滞させないようにテキパキとさばいて行くということが、わたくしたちの日常生活上いかに大切な事かということの一端が、お分かりになったかと思うのであります。そこで、ではわれわれは、一たいどうしてこのような世俗的な雑事の重圧を切り抜けたらよいかという問題ですが、それは原則的には実に簡単明瞭であります。ではどういう事かというに、それは「すぐにその場で片づける」ということこそ、この難問に対する唯一にしてかつ最上の「秘訣」であって、おそらくこれ以外には、いかなるこつも秘訣もないといってよいでしょう。言いかえれば、「どうせしなければならない事だったら、即刻その場で処理して溜めて置かない」ということであります。

同時に、もし人がこの真理を守らなかった際には、その借金には非常に高率な利子がついてたちまちにして三倍五倍という重圧になってその人の上にのしかかってくるのであります。では、それはどういうことかと申しますと、たとえば手紙の返事一つにしても、すぐにその場で書けば、比較的楽にすむのであります。それというのも、手紙の返事というものは、人から呼びかけられたようなものですから、それに対しては、すぐにその場でハイと返事するようなものであります。ところが、すぐにその場で書かないと、「まだあの手紙の返事が書いていない――」ということが、いつも気になって、心の重荷となってゆくのであります。ところがそれは、わずか一通の手紙でさえそうなのに、いわんやそれが三通も五通も重なったとしたらどうでしょう。その人の首には、まるで重い鉛のおもりがいくつも吊るされているようなものでありまして、それではとうてい全力を挙げて走れないのと同様に、そうした心の状態では、かりに書物を書こうとしても、あるいは画家なら絵を描こうとしても、大したものの書けようはずはないのであります。同時に、こうした事柄が分かってみますと、一般に卓《すぐ》れた学者や芸術家のほうが、かえって手紙の返事などの速いということも、納得できるわけであります。

　さて、こうした世俗的な事務と呼ばれるものの中では、わたくしの考えでは、手紙に関する事柄が比較的には一番多いかと思われますが、それに次いでは、期日の決まっている提出物の場合といってよいでしょう。ところがそうした場合でも、それに対する秘訣としては、「なるべく早く――できれば直ぐその場で着手する」ということでしょう。たとえば、わたくしの場合、時どき人さまから序文を頼まれることがありますが、以前は締め切り間際まで心の中で温めておいて、なるべく良いものを書こうとしたものであります。しかし近ごろでは、頼まれたらなるべくその日のうちに書くようにしているのであります。かりに仕事のつごうで、その日にはどうしても書けないとしても、その翌日か、少なくとも翌々日には、下稿だけは書くようにしているのであります。そしてその後二、三日か、せいぜい四、五日してから、もう一度読み返してみて、訂正するようにしていますが、それでも先方から頼まれた期日よりは早く仕上がって、余裕をもって先方へ届けることができるのであります。要は、できるだけ「心の負債」をつくらぬように——という心構えからくることであります。

同時に、このような考えからしてわたくしは、かつて先師有間香玄幽先生の遺訓として、「義務を先にして娯楽を後にせよ」ということについてお話したことがありますが、まったくその通りでありまして、事務的な仕事を処理する秘訣としては、結局「すぐにその場で——」ということであり、そしてそのためには、その根底にもう一つ、この「義務を先にして娯楽を後にせよ」という、人生の最も具体的な現実的真理が予想せられ、それが先行せねばならぬのであります。同時に、このような現実の具体的真理をふまえていますと、人は初めて「すぐにその場で——」というこの現実的真理の最尖端のダイヤモンドの切先がはまるわけですが、これによって、その山積する事務の重圧を刻々に切り拓いて、つねに悠々たる心境に生きることが出来るといえましょう。

第一九講――開かれたるコンミューン

道服姿の名児耶先生は、今日も校長先生の先導でお越しになり、やがて壇上に起って一礼の後、今日のテーマをお書きになり、ついで次のテキストを朗読せられた。

(四) 真に存在するものは「神」のみ　ガンジー

「私は、自分を取り巻いている物がすべて常に変化し、常に死んでゆくのに、変化するすべての物の下に、常に変わらず、すべてをまとめて保持し、創造し解消し、再生する活力のあるものを、おぼろげに感知することができる。

そして、そのようなものを活力づける力、あるいは活気づける霊こそ「神」なのだ。それ(神)以外の感覚器官を介してのみ感知されるものは、真実には何ら存続しないし、存続しえないだろう。だから存在するのは唯神のみである。」

ここには、前回かかげた宗教観から、さらに一歩をすすめて、ガンジーの神観が端的に示されているわけであります。すなわち彼は、われわれを囲繞《いにょう》している万象の変化流転の根底に、それらを越えて、常にそうした一切の流転と変化を支え、それらの物をかくあらしめている絶大無限な「力」の働いていることが感知せられるが、それこそ真の「神」だというのであります。

随って真の「神」とは、われわれ人間の感覚器官によって、直接かつ明瞭に把握しうるものではないわけです。けだしそういうものは、つねに変化し移ろいゆくものであって、すなわち絶えず消滅を免れないものだからであります。随って、真に存在しうるものは、結局は唯神だけだというわけであります。それ故このように、真に存在する絶対的な「力」としての神と、つねに面々相対するように生きることができたとしたら、ガンジーのように、真に勇気ある人間になると共に、また真に博大な愛の人たりうるでありましょう。

さて前回にはわたくしは、「事務を処理する秘訣」というテーマでお話いたしましたが、それは一見何でもなさそうな事柄でありながら、実際にはいかに厄介であるかと共に、またそれ以上に大事な事柄かということの一端が、多少はお分かりになったかと思うのであります。しかしながら、これは他の事柄についても同様ですが、いつもわたくしの申すように、砂糖の味は、実際にこれを嘗《な》めてみた者でなければ分からぬように、この事務の処理法という問題も、それが如何に厄介なものであると同時に、それ以上に重大な結果をもたらすものだということは、実際に事にあたった人でなければ分からぬと言ってよいでしょう。と申しますのも、わたくしの考えでは、いかに才能のある人でも、もしこの点をおろそかにしたとしたら、今日のような社会では、結局その才能を伸ばすことはできなくなるだろうと思うのであります。それというのも、たとえ学者にしても芸術家にしても、はたまた宗教家にしましても、この世の中に生きている以上、対人関係というものをおろそかにしたのでは、結局、自分の才能を発揮できなくなると思うのであります。何となれば、前回にも申したように、事務的な仕事といわれているものの大方は、直接にか間接にか、結局対人的な関わりを持つ事柄だからであります。ですから、事務的な仕事を軽んじるということは、ひいては人間関係そのものを軽んじるという結果になるからであります。

ところで今日は、前回にお話した事柄をふまえながら、もう一段も二段も高い問題についてお話してみたいと思うのであります。では、それはどういうことかと申しますと、すでに皆さん方もご存じのように、現在われわれの生きているこの社会というものは、文明が進んだといわれながら、事実においては、逆にしだいに住みにくい社会になりつつあるのであります。そしてそれは皆さん方もご存じのように、自然科学を本とした西洋の機械文明が、過度に発達した為だということについては、今さら事新しく申すまでもないことでしょう。人類は、近世に入ってから、西洋で機械文明が発明せられて、汽車や汽船、また電信などという交通通信の便利な方法が発明せられたころには、「自然科学的文明とは、何という便利で有難いものだろう」と、驚嘆し礼讃したものでしたが、その後そうした機械文明は止どまる処を知らず進歩し発達して、今やわれわれ人間は、しだいに機械によって圧迫せられ、さらに最近では、それによって支配せられるようになって来たのであります。そのために、もはや以前のようなノンビリした生活は、しだいに出来なくなって来たのであります。そして毎日毎日、次から次へと仕事に追われて、落ち着きのない生活になりつつあるのが現状であります。かくして今やわれわれ人間自身が、しだいにこの巨大な機械化せられた社会組織の中の、一個のネジのようにされつつあるのが現状であります。すなわち最初のころは、機械を発明したのは、人間が自分の代わりに機械を利用したのでしたが、今や人間のほうが機械に使われ出したというわけであります。

ところが、このような状況に対して、学者とか思想家などといわれる人びとは、こうした事態を、「人間疎外」というコトバで呼んでいますが、しかしこれはドイツ語からの訳語ですから、どこかピッタリしないものが感じられるのであります。つまりこの「人間疎外」というコトバの本来の意味は、人間がその本来あるべき地位からはじき出されて、除《の》け者になったというほどの意味なのでしょう。

ではこのような人類の行きづまり状態に対して、われわれは一体どうしたらよいというのでしょうか。上述のような、機械文明のもたらした弊害のうち、わたくしはまだ「公害」の問題には言及しませんでしたが、実はこの「公害」の問題こそ、さらに切実な機械化文明の害悪の結晶といってよく、いわばその総決算といってもよいでしょう。随ってこれは、先の「人間疎外」というような事柄と比べれば、さらに一だんと深刻切実であって、もはや一刻の猶余も許されない段階まで来ているといってよいでしょう。随ってわが国としても、今や全力を挙げてこれと取り組みつつあるのが現状であり、そして着々とその対策が講じられつつあることは、皆さん方もすでにご存じの通りであります。

しかしながら、この「公害問題」というものは、これを大観する時、結局はわれわれ人間が機械文明の便利さに浴するための、いわば税金みたいなものでありまして、それを徹底的に除去しようとすれば、他の反面、どうしてもそれだけの代償を支払わねばならぬわけでありまして、それは言いかえれば、そのために製品のコスト高が不可避となるわけであります。そして時として、あるいは機械文明の進歩に対して、ある種の抑止策さえも講じねばならなくなるといえましょう。

さて以上は、機械文明がわれわれ人類の上にもたらした、重大な弊害について一瞥《べつ》すると共に、そのうち、特に重大な公害問題について、その解決が必ずしも容易でないことの一端についても、言及した次第であります。では先に述べた「人間疎外」の問題については、一体どうしたらよいのでしょうか。公害問題のほうは、先にも申したように、その害毒が一刻も猶余できないために、お互いに何としてでも、その対策を講じようとしているわけですが、それに反してこの「人間疎外」の方は、それと比べますと問題の性質が一般的であって、どこか捉えどころの無い感がするともいえましょう。しかしそれは、この方の弊害が浅いからではなくて、むしろより広汎で深刻だからともいえましょう。ということは、それだけわれわれ人間の内面への滲透度が深いわけであります。

では、それに対してわれわれは、一体どうしたらよいというのでしょうか。雑誌の論文などで、学者といわれるような人びとが、盛んに「人間疎外!! 人間疎外!!」といって、論じ合っていますが、しかしそれに対する対策については、一こう示されていないのが現状であります。もっとも、それもムリのないことでありまして、事は決して容易でないからであります。すなわちその点では、ある意味で「公害問題」以上に深刻であり、かつ困難だと言ってよいでしょう。かのヒッピーの出現というような事象も、決してこれと無縁とは言い難いのでありまして、結局あれなども、「人間疎外」の現象に対する一種のプロテストといってもよいでしょう。

では、この「人間疎外」に対しては、ああした奇矯な、かつ異様な方法しか、その対策はないかというに、わたくしとしては、それ以外にも方法がないわけではないと思うのでありまして、それは題目にも掲げたように、一種のコンミューンを形成する他ないと考えるのであります。もっともこのように申しますと、一部の人びとは「コンミューン」というコトバによって何か共産主義的な集団を考えたり、あるいは原始共産体というようなものを連想する人もないではないでしょう。しかし、わたくしの考えているコンミューンは、それらとは全く違うのでありまして、これはその気にさえなれば、その実現は決して不可能なことでないばかりか、いくらでも実現可能なのであります。

では、それは現実には一体どのようなものかと申しますと、まず親しい友人知人が五人ほど集まって一種の隣り組みたいな、特に親しいグループを作ろうではないかと話し合って、最初の二、三回は、その人びとだけが集まって、よく話し合うのですが、その辺からしだいにコンミューンの拡大運動について、話し合うのであります。そしてそれぞれの人が、二、三人ずつ責任をもって、適当な人を推薦し合うことにいたしますと、もうそれだけで、七、八人から十人前後のメンバーはできるわけであります。そしてそれらの人が、月に一回くらいの会合をもつことにし、そしてただ話し合うだけでは直ぐにあきが来ますから、やはり読書会でもしたほうがよいでしょう。そして次にある段階まで来たら、各自が何か書いて持ちより、それを綴じ合わせて「回覧雑誌」にして、会員の間を回覧するようにするわけです。

ところで、ここまでならば大して困難ではありませんが、これから次の段階が大事な点でありまして、以上述べただけのことなら、㈠読書会と㈡回覧雑誌だけですから、何ら珍らしいことではなく、現に全国各地の到るところで行なわれている事といってよいでしょう。そこでわたくしが、ここに「新しいコンミューン」として提唱するのは、そうした場合、かりに回覧誌が廻って来たら、各自がその読後感を、単にその回覧誌の余白に書くだけでなくて、さらにその文の筆者に対して、ハガキでそれを出し合うというのであります。同時に、そうした読後感をもらった人は、それに対して必ず返事を書くことを、一種の不文律として義務づけるわけで、この点が、この「新しいコンミューン」を支える一ばん重要な点といってよいのであります。

ところで、このように会員の範囲が狭くて、同一町村内の場合には、このような「回覧誌」というやり方でも何とかやってゆけますが、やがてその中に、他の町村に住んでいるそのかみの同級生が参加するようになったり、あるいは会員の中から、他の遠隔の地への転住者が出るようになりますと、どうしてもハガキ通信の必要が、しだいに増大するのであります。そしてそこからして、そのコンミューンは、一つの飛躍的な段階に入るのであります。これまでの処では、各自が持ち寄っていた生《な》ま原稿を綴じ合わせるだけの段階でしたが、次の段階では、各自が自分の書いた原稿を会員の数だけプリントして持ち寄り、そしてそれぞれ綴じ合わせて、会員一同に配分するものでありまして、それによってそれは、会員各自の手許にそれぞれ保存せられることになるのであります。

ところが、さらに一歩進んで、会員が各地に分散して一カ所に集まりにくくなったら、その段階でただ今申したようなプリントを、各自が郵便でお互いに交換するような段階に入るわけで、ここまで来ますと、たとえ一枚刷りのプリントであっても、それはもはや一種の「一人雑誌」といってよいでしょう。しかもそのさい、最も大事なことは、上にも申すように、㈠会員から「一人雑誌」が来たら、必ず相手に対して、その読後感を送るということと、㈡もう一つ、会員は原則として月に一回、このような自分だけで書く「一人雑誌」を発行するという、この二つの事を厳守するということであります。

そうなりますと、各会員によって、最低月に一回は一人雑誌が発行せられ、しかもそれに対して、全会員からハガキでその読後感が寄せられることになりますから、会員相互間の結びつきは大へん深く、かつ緊密なものになるのであります。そこで、各会員の為すべき義務としては、㈠月一回の「一人雑誌」の発行と、㈡会員からきた「一人雑誌」に対しては、必ずその読後感をハガキで出すということであります。そこでこのような組織によって、会員の受ける恩恵ともいうべきものは、㈠毎月全会員の一人一人から、その「一人雑誌」が送られてくること、㈡また自分の出した「一人雑誌」に対しても、全会員から一人一人ハガキでその読後感がもらえるわけでありまして、何ともいえぬ深い親しみが持てるのであります。そこで今かりに、こうしたコンミューンの全員が二、三十名にでもなりますと、毎日郵便配達夫の来ない日はないわけで、世にこれほど楽しいことはないともいえましょう。

実はわたくし自身、そのかみ何とかして、心の通う少人数の人びとと同じ地域に住み、できれば同じ建物に住んで生活を共にし、お互いに励まし合うことができたら、この世はいかに楽しいものになるだろうと考え、それはおそらくこの世における至福の生活ではあるまいかと考えた時期もあったのであります。しかしやがてそういうことは、現代のような複雑な社会においては、結局一種のユートピア的幻想に過ぎないことが分かって来たのであります。なるほど現在でも、全国的に志を同じうする人々が、一カ所に居住して、共同生活を営んでいる例も無いわけではないようです。現にそうした共同生活をしている人びととしては、三重県には例の山岸会がありますし、さらにそうした物の元祖ともいうべき西田天香さんの始めた一灯園は、今日でも京都の山科の地に存在しています。また武者小路実篤氏が日向の山中に始めた第一次の「新しい村」は、余りに空想的理想主義だったために、間もなく崩壊しましたが、しかしその後第二次の「新しい村」は、現在では形を変えて、もっと現実的なものになって、現に埼玉県下に存続しているようであります。

しかしこうしたものは、いずれもその創始者が、異常な天分の持ち主だったればこそ、何とか可能なわけですが、その点では、わたくしが上に申したようなやり方でしたら、現在でも決して困難ではないはずであります。それと申すのも、この「開かれたコンミューン」というやり方ですと、㈠一ばん厄介な経済的問題は、それぞれ各人がその責任を負うわけですし、㈡またその居住地についても、最初から何らの制約も拘束も、一切ないわけですから、やる気にさえなれば、どんな処でも実現可能といってよいでしょう。唯それを維持する鉄則としては、先ほども申すように、㈠会員各自が、月一回、半紙一枚程度の「一人雑誌」を発行して、それを全員に頒布することと、㈡今一つは、それを受けとったら、必ずその読後感をハガキで出すという二カ条でありまして、この二カ条を固く守れる人びとが、手をつなぎ合ったら、どんな地方でもこれを作ることができましょう。なお念のために申すとすれば、会員は最初土台づくりの間は、十人前後がよく、それが巧くはこんだら、次に二十人程度にし、そして一おう三十名を越えないというのがよいでしょう。

第二〇講 —— わが生の記録 ——日記から自伝まで——

今日も道服姿の名児耶先生は、校長先生の先導でお越しになり、やがて登壇。一礼の後、今日の題目を書かれ、そして次のテキストを朗読せられた。

㈤ **神は生命であり真理であり宇宙の主宰者である**

ガンジー

「そしてこの『力』は、有益なのであろうか、有害なのであろうか。私は純粋に有益なものと思う。何となれば、私の真只中に生が存続し、虚偽の真只中に真理が存続し、闇の真只中に光が存続するのを見ることが出来るからである。そこで私は、神は生命であり、真理であり、光であると推断するのだ。神は愛であり、宇宙の主宰者である。」

今回も、前回に引きつづき、ガンジーの宗教観、否、その神観の展開と見てよいでしょう。前回では、ガンジーは神を全宇宙の変化消滅する現象の根底にあって、それらを支え、それらをかくあらしめている絶大な「力」と見ていましたが、今やかれの神観は、さらに一歩をすすめて、かように無限絶大な力としての神は、生・死を超えて生・死をあらしめ、真・偽を超えて真・偽を成立させ、明・闇を超えて明・闇を成り立たしめ、かくて一切の相対を超えつつ、一切をあらしめている無限にして絶大な生命力だと考えているのであります。そして、それはまたその故に、絶大な真理であり、かつ絶対の光だということであります。どうです、皆さん!! 大したものでしょう。このような深い宗教的信念に生き、その全生涯を祖国の独立のために捧げた宗教的政治家が、かつてあったでしょうか。ガンジーがその闘争の原理として、終始「非暴力・不服従」を唱えたゆえんも、これによって肯《うべな》えるのではないでしょうか。

さて前回にはわたくしは、「開かれるコンミューン」と題して、若い皆さん方に対して、実現可能な一つの「夢」についてお話したのでした。しかもそれは決して単なる「夢」ではなくて、やる気にさえなれば、だれでも何処でも実現できる現実的な「夢」なのであります。それどころか、実はわたくし自身が、ささやかではありますが、現にこうした一種の「開かれたコンミューン」ともいうべき、新しい人間集団の一人として生きているのであります。わたくしは前回にも申したように、かなり以前からこうした点について、一種の「夢」をもっていた人間であります。そしてその頃、わたくしの抱いていた「夢」は、㈠「志」を同じうする者同士が、㈡十名前後、㈢お互いになるべく近い地域に住み、㈣できれば独身時代は、同じ建物の中に住めたら――そして㈤月に一回の読書会と、日曜講話でもできたら、それこそこの世における「楽園」といってよかろうという「夢」を持っていたのであります。しかしそれはついに叶えられぬユートピアだということが分かって、そこからして前回申し上げたような、どこでもだれにも可能な、いわば散在方式による「新たなコンミューン」の考えに到達したわけであります。

ところが、実はこうした「夢」を、現在のようなこの時代において、すでに現実に実現している方がいられたのでありまして、それは先師とも深い関係にある「Aグループ」と呼ばれているU氏を中心とするものでありまして、これはUさんのようなリッパな方にして初めて可能なわけでありまして、すなわち同一の地域内に成立している一種の「開かれたコンミューン」といってよいでしょう。

さて、それはそれとして、では何故わたくしが、永い間このような「夢」を捨てかねたかと申しますと、すでに幾たびも申してきたように、現在のわれわれのこの地上の「生」というものは、もともと二度と再びくり返えし得ないものであります。しかもその上に、それはそれほど永いものでもありません。最近日本人の寿命は、ご存じのように延びて、八十歳以上生きるのは、決して珍らしくはなくなったのであります。しかしかりに八十年生きられたとしましても、人生というものについて、多少ともその意義を嚙みしめるようになるのは、やはり三十代の半ば頃からと申してよいでしょう。そうしますと、わたくしたちが、多少とも自覚的に自分の人生を生きる期間というものは、せいぜい四十年前後と考えてよくはないかと思うのであります。随ってこの点について考え出しますと、ほんとうに一日としてウカツな生活はしていられないわけであります。古人が「少年老いやすく学成り難し。一寸の光陰軽んずべからず」と歎じて、青少年に警告したことも、深く頷《うなず》かれるのであります。

では、このような事実に対して、わたくしたちは一体どのように考えたらよいでしょうか。否、この場合わたくしの考えとしては、「どのように考えたらよいか」というだけでなくて、「いかに対処したらよいか」という態度こそ、大切かと思うのであります。何となれば、このわれわれの人生が大切だとか、貴重だなどといっても、「ではそれに対して、一体どう対処したらよいか」という、具体的実際的な対策に結晶してこない限り、結局それは、まだ観念的な域を脱しないわけでありまして、極言すれば、畢竟するに空なものといわれてもいたし方ないでしょう。

では、こうした現実的観点に立って、わたくしたちは、一体どうしたらよいのでしょうか。問題をこのような点まで詰めて来た時、わたくしとしてまずお奨めしたいのは、さしあたり「日記」をつけるということであります。もっともこの日記については、むかしから、可成りひろく行われてきた「生」の記録様式だということは、ここに事新しく申すまでもないことでしょう。同時に皆さん方にしても、日記というものの大事なことを知らない人は、恐らくは一人もないといってよいでしょう。しかしながら、すべて価値ありねうちのあることほど、その実行が困難だということは、すでに哲人スピノザが、その主著「倫理学《エチカ》」を結ぶ最後のコトバとして記していることは、これまた心ある人びとの間に広く知られている事柄でありまして、実際スピノザならずとも、この世において価値ある事柄ほど、これを実現することの容易でないことはみな知っているのであります。

随って、日記というもののもつ意義の重要性についても、ほとんど知らない者がないにも拘らず、実際に日記をつけている人の数は、比較的少ないといってよいでしょう。そしてそれは、結局、その人がこの人生の短いこと、しかもそれが繰り返し得ないことを、痛切に実感するようにならねば、容易には始められないからであります。

では、日記については、一体どういう注意が必要なのでしょうか。それには色々と考えられましょうが、まず第一には、「日記というものは、新年から始めたのは案外続きにくい」ということであります。

こう申しますと、ほとんどの人が、さぞかし異様な感じを持たれましょうが、これはわたくし自身の経験にもとづくことなのであります。では、どうして新年からの日記は続きにくいかと申しますと、それは新年からですと、大へんな意気込みで始めますから、初め二、三日の間、一頁ではとても足りないような感じで書きだしますが、しかしやがて十日となり、二十日近くになりますと、ボツボツ弛《ゆる》み出すのであります。そして三月の二十日ごろにでもなりますと、かなりな数の人が中止するようであります。

では、こうした現象に対して、一体どうしたらよいかと申しますと、わたくしの考えでは、どうしても日記をつけなければならぬと真に痛感したら、たとえそれが一年のどの辺でもよいですから、早速つけ出すがよいと思うのです。そしてその場合、もし「当用日記」の使い古しでもあれば、曜日だけを改めて、それを利用するのが一ばん賢明といえましょう。次に当用日記ではないが、月日の入っていない自由日記でもあれば、それでもよいわけで、早速それに月日を書き込んで、その日の分から書き出したらよいわけです。ところが、それらのいずれも無い場合は、適宜、日記帳に代用しうるような大学ノートでも求めてきて、それを使うわけですが、その場合大事なことは、前の自由日記でもそうですが、必ず前もって月日を記入しておくということです。でないと、一種の随想録みたいなものになってしまって、ちょっと考えますと、いかにも自由で面白そうですが、特別の人でないかぎり、とかく継続しにくいようであります。

日記について、もう一つ大事な注意は、他人の書信や日記というものは、たとえそれが自分の眼前に置かれてあっても、断じて見るべきではなく、これは人間としてのたしなみというか、慎しみの上から考えて、非常に大切な心がけだと思います。しかしながら、日記をつける当の自分自身としては、日記というものは、いつ何時《なんどき》どういう事情で、他人の眼に触れるか分からぬものと考えて、他人に見られて悪いような事柄は書かないように——ということです。とくに人の悪口や批評めいた事柄は、絶対に書くべきではないということです。それというのも、書いた当人としては、ホンのその時一時《いっとき》の感情で書いたとしても、一たんそれが文字として残されたとなりますと、本人は翌日はもうケロリと忘れていても、もしそこに書かれている兄嫁などが、それから三年も五年もたったころに、ふとした拍子で眼に止めたとしたら、一体どういう事になるでしょうか。かりに口に出しては言わないまでも、自分としてはあの人には随分尽くしているつもりなのに、先方ではこんなに悪く思っているのかしら——という深い不快感は容易に消えず、へたをすれば終生消えないかも分からぬのであります。

ところが、このように申しますと、「だが他人に見られても構わぬような日記なら、何もわざわざ書く必要はないではないか」と思う人もないわけではないでしょう。しかしわたくしとしては、そうは考えないのであります。それというのも、日記というものは、人生の練達者になればなるほど、事実の記録が主となるのでありまして、それの極端な一例は、例の西田幾多郎博士の晩年の日記などは、ただ「○月○日、○○来たる」「○月○日、△△来たる」という程度で、一日分が一行ないどころか、わずか数字に過ぎない場合が大方であります。

以上、日記のことで意外に手間どりましたが、では「わが〝生〟の記録」として、次に何が考えられるかと申しますと、それは相手方との関係にもよりますが、もし相手が自分と親しい間柄でしたら、先方へ出す手紙の控えを、手許に残しておくということであります。そしてそれには、あらかじめ先方の了解を得て、なるべく複写紙の綴りを使用するがよいと思います。そうしますと、それは他日ある意味では日記以上に意味深いものとなりましょう。それというのも、手紙というものは日記と違って、そこには対象があるからであります。いかに親しい間柄でも、こちらから出す書信を、すべて保管して置いてもらうというわけには参りませんが、こうして置けば、先方へ出した手紙の写しが、すべて手許に保管できるわけであります。それ故特に親しい友人二、三人との間では、このやり方にして、その上もし先方から来た返事をその間に貼り込んで行きでもすれば、まったく申し分のない貴重な友情の記録集が出来るわけでありまして、わたくしは人生の真の幸福というものは、たとえばこうした処にあるのではないかと思うのであります。

では、次にはどういうことが考えられるかと申しますと、人間というものは、大たい五年か十年に一冊くらいは、自分で書いた書物を刊行したいものであります。かりに三十五歳辺で、最初の処女作を出すとすれば、第二冊目は四十五歳前後に、そして第三冊目は「自伝」として六十歳前後に出すとしたら、文筆を業としない人の場合には、ほぼ現実の理想といってよいでしょう。

ところで、わたくしが今、「自伝」を――と申したことに対しては、皆さん方の中にも、定めし意外の感をされた人が少なくなかろうと思います。ところがわたくしは、人間は子孫に「血」を伝えた以上、わが子はもとより、少なくとも孫の代までは、自分の一生の歩みのあらましを伝える義務があると考えるのであります。ところが、わたくしがこのように申しますと大ていの人が、「でもわたしらみたいな人間が、自伝を書くなんて——」といわれますから、そこでわたくしはいつも申すのです。「もし偉い人だったら、伝記は人が書いてくれますが、われわれのような凡人の場合には、自分の一生のあらましは、血を伝えた子孫のためにも、自分で書き残す義務があるでしょう」と。実際皆さん方はご存知ないでしょうが、犬や猫でも純粋種となりますと、十八代までさかのぼった血統書というものがついているのです。しかるにお互い人間でありながら、「あなたのお父さんが、一生のうち、一ばん苦労せられたのは、お幾つくらいのころで、それは一たい何のためだったんです？」と尋ねられて、即答できる人は、おそらく十人中一人も無いといってよいでしょう。いわんや祖父母においておやで、おそらく百人中でも二、三人あるかどうか怪しいものでしょう。ところが世の中のことは、大ていの場合は知らない責任は、知らない人間自身にあるわけですが、この場合だけは、どうも書いて残さなかった人にあるといわねばなりますまい。そのうえ「自伝」を書いてみますと、たった一人のこの自分が、いかに多くの方々のお世話によって、今日あるを得たかということがよく分かりまして、平生はそのご恩を忘れていた多くの恩人に対する、一種の報恩録ともなるというのが、わたくし自身「自伝」を書くことによって得られた、深い実感なのであります。ですから皆さん方も、今からそのつもりになって、人生の晩年には必ず一冊の「自伝」を書く決心をし、そのための資料という意味からしても、上に述べたように、日記や手紙の控えなどは、今からボツボツ残されるが良かろうと思うのであります。

第二一講――世界における日本

今日も道服姿の名児耶先生には、校長先生の先導でご入室。やがて壇上に立って一礼の後、今日の題目を書き、テキストを朗読された。

(六) **優雅な「天の音楽」を感覚器官はかき消してしまう**　ガンジー

「神への信頼は、理性を超越した信仰に支えられていなければならぬ。実際いわゆる悟りでさえも、その根本に、それなくしては支えられない信仰の要素が有るものだ。必然的にそうなるものだ。

　自己の存在の限界を、だれが越え得ようか。完全な悟りは、この肉体化された生においては不可能であると思う。それはまた必要でもない。人間に可能な『精神の最高点』に到達する上で肝心なのは、活気に溢れた不動の信仰なのだ。

　天なる音楽は、たえずわれわれ自身の中に流れているが、それは感覚器官を介してわれわれに聞こえるあらゆるものと異なり、またそれらよりもはるかに勝れている。その優雅な『天の音楽』を、騒々しい感覚器官はかき消してしまうのである。」


　今日のところもまた、ガンジーの深い宗教観が伺えて、わたくし自身にも教えられるところが甚大です。

それらのうち、先ず重要と思われる点は、ガンジーによれば、宗教は理性を越えた信仰によって支えられていなければならぬということです。つまり真の宗教は、理性に反してはいけないが、同時にまた、単なる理性の段階に留まっては、宗教とはいえないのであります。随って、ガンジーは、普通には知的と考えられている悟りでさえ、その根底には信仰がなければならぬというわけです。

それどころか、彼は「完全な悟りは、われわれ人間がその肉体を持っているかぎり不可能だと思う」といっていますが、この点わたくしも全く同感に堪えません。禅で名僧などといわれる人々でも、何人がかつてこのような卒直な見解を、端的に披瀝《ひれき》したでしょうか。

最後の「天の音楽」云々は、ガンジーの宗教観の象徴といってよく、まことに無限の味わいがありますね。どうぞ皆さん!!この一文は、何度もくり返してよく味わって下さい。

さて皆さん方に対して、この講話を始めてから前回まで、約二十回にわたってわたくしは、宇宙観及び人生観ともいうべき問題について、一応、お話したつもりであります。すなわち第一講から第十講までは、宇宙観ないしは世界観を主としてお話したつもりですし、また十一講から二十講までは、人生観及び処世観に関して、実際上の諸問題についてお話したつもりであります。

それゆえ、以下わたくしが取り上げたいと思うのは、今ひとつの残されている大切な問題でありまして、それは結局、本日テーマとして掲げたように、一言でいえば「世界と日本」の問題といってよいでしょう。あるいはまた、「日本と世界」といったほうが、より相応《ふさわ》しいかも知れません。ところで、この問題については、事柄の性質上、色々複雑な現実的な諸問題について考えなければならぬわけでありまして、かえりみて、わたくし自身、こうした問題に不向きなことは、だれよりも自分自身が十分承知しているのであります。しかし、そうかといって、今日のような世界情勢の中で、もしこうした現実的な諸問題について、少しも触れなかったとしたら、それはいわゆる「仏つくって魂入れず」ともいうべきものでしょう。随って、とにかく皆さん方と一しょに、一年間色々な問題について考えて来た以上、この種の問題に触れないで、この「講話」を終えるというわけにはゆくまいと思うのであります。

さて、「世界と日本」という問題について考えるにあたって、まず最初に、われわれが頭に入れて置かねばならぬことは何かと申しますと、それは皆さん方もすでにご承知のように、第二次世界大戦を境にして、ヨーロッパ諸国の国力が、いずれも降り坂にさしかかっているということであります。もちろん、こう申したからといって、われわれがそのために油断したり、いわんやあぐらをかいてもよい、などということでないのはもとよりであります。それどころか、ヨーロッパ諸国というものは、何と言いましても、いわばのれんの旧い老舗《しにせ》ですから、こちらも腰を下すなどということは、とても出来ることではありません。なるほど、ここ数年間のわが国の生産力の飛躍的な上昇率は、たしかに米国に次ぐものといわれていますが、しかし国民の生活水準の順位からいえば、今日なお二十番目くらいだということが、唯今わたくしの申したことを、何より有力に実証しているわけであります。

しかし、それにも拘らず、わが国の工業的生産力は、ここ数年間に、文字通り飛躍的な上昇をとげたことは、これまた皆さん方のすでにご承知の通りであります。そしてその結果、ヨーロッパ諸国への日本人の旅行者は、最近とみに激増して、どこへ行っても日本人の旅行団に出逢わぬ処はなく、中には随分と礼儀をわきまえない不作法なやからも少なくないらしいのであります。そしてそのために、かれらヨーロッパ諸国の人びとから、色いろと侮蔑を買っている例も少なくないようであります。同事にこの事は、つい最近までは「日本」といえば、一般に「フジヤマとゲイシャ・ガール」の国と思われていたのに、それが最近では、日本を象徴する代表的なコトバとして、「ゼンガクレンとノーキョウ」とが、それに取って代わったといわれる一事によっても、その間の消息は伺えるといえましょう。

ところで問題は、では一体どうして、このような奇蹟的な変化が招来せられたのか。その原因は一体いかなる点にあるといったらよいでしょうか。同時にまた、ここ数年前から見られるわが国の工業的生産力の急カーブの上昇率は、一体これを如何に解したらよいでしょうか。それに関して、一おう戦後におけるあらましの推移をたどってみますと、敗戦直後の数年間は、まったくのドン底生活でありまして、着物の類はもとより食糧品さえも、窮乏のドン底に陥っていたことは、そうしたドン底生活から、多少とも息を吹き返しかけてから生まれた皆さん方には、ほとんど想像を絶する状態だったと申す他ありません。随って皆さん方としては、時どきご両親から、当時の窮乏ぶりの一端を聞かれるという程度でしょう。もちろん、そうした全国民の窮乏は、戦争が苛烈になった為に、肝心の働き手の男子の大部分が召集せられて、しかもそれらの多くが海外へ派遣せられたという事と、それに加えるに、わが国の主だった都市の大半が、終戦に近づくころからしだいに爆撃せられて、文字通り灰燼《かいじん》に帰した為であります。随って当時は、多少でも空地らしい処があれば、みんながカボチャやジャガイモ、またはサツマイモ等々、主食の代わりになるような野菜を植えたものであります。

しかるに、昭和二十五年から始まった朝鮮動乱によって、わが国は特需品の製造の一部を引き受けるようになり、それによって敗戦のドン底生活から、やや浮かび上がったといってよいでしょう。しかしご承知のように、朝鮮動乱というものは、同民族の韓国と北朝鮮という両国民による、文字通り血で血を洗う惨烈な戦争でしたが、しかもそれによってわが国が、戦後のドン底生活から、多少とも呼吸《いき》が吐《つ》けるようになったという事は、自然の成り行きとはいえ、朝鮮の人びとに対しては、まことに申しわけない次第であります。

しかしそうは言っても、戦後わが国の経済的復興は容易でなく、まことに遅々たる歩みでしたが、それが故池田勇人氏が首相になるに及んで、戦時中この方十数年間、取りかえないできたおんぼろ機械の取り替えという大転換を、「設備投資」の名目のもとに、一大英断を以って断行したのでありまして、わが国の今日における工業生産力の飛躍的上昇の基礎は、何といっても氏のこの英断に負うものだということは、将来も永く心ある人々の記憶から去らないことでしょう。

しかしながら、戦後わが国の経済力の異常な増大については、これ以外にもなお幾多の考慮しなければならぬ条件があるようであります。そしてそれらのうち、おそらく最大といえるのは、いわゆる「不戦憲法」のお蔭で、軍備への支出が少なかったということであります。同時にこの点については、かの吉田茂首相が敗戦後数年のころ、とくに朝鮮動乱のころから、米国の半ば強制的ともいえるほどの要望にも拘らず、自衛隊の人員を七万五千人にしぼったまま、かなり長期間増員しなかったことは、これまた、わが国の経済力の基礎を培う上で、その意義は戦後史上、永く特筆せられて然るべきものかと思うのであります。

さらに、以上二つの根本的な条件の他にも、われわれ日本人の勤勉ということが、とくに欧米の人びとから見ると、大変目立つようであります。そしてそれは、たとえばヨーロッパの主要な国々においては、昼食時には、二時間半以上も費す処が少なくないということと考え合わせる時、確かにそうした一面もあるかと思うのであります。しかしながら、これを以って直ちに、わが国の教育や道徳によるものとのみ速断してはなるまいと思います。何となれば、かれらヨーロッパ人は、永い間有色人種への搾取の上にあぐらをかいて来たわけであって、昼食に二、三時間も費して悠々と楽しむなどということは、われわれには到底夢想だもし得なかった事柄だといってよいでしょう。

さらにまた、先ほど来申したように、わが国が、池田首相によってスタートした、いわゆる「設備投資」の名の下に、その当時世界における最新鋭の機械を、大量に海外から輸入する傾向は、一度それによって味を占めたわが国の実業人をして、その後も引きつづき、世界における最新の機械を移入する風潮を招来したのでありまして、これまたここ数年来の工業生産力の急激な上昇率が、今や米国に次いで、世界各国の人々の注目を浴びるに至った一つの理由といってよいでしょう。

しかしながら、すべて現実界の事象というものは、一長一短を免れ難いのでありまして、ここ数年来の工業生産力の急激な上昇率は、今やそのうら目というかマイナス面として、いわゆる「公害問題」をクローズアップさせて来たことは、これまた皆さん方のご承知の通りでありまして、そのうち最も典型的なものとしては、例の水俣病問題を始めとして、富山県のイタイ・イタイ病や、また新潟県の阿賀野川の流域地方における第二の水俣病問題等々、いずれも人々の心を痛めているわけですが、この際注意を要する点は、こうした「公害」による被害は、かなり以前から一部の人々の間では重視せられていたにも拘らず、政治が資本と癒着していたために、それら一部の人々の切実な叫びも、最近までほとんど取り上げられずに来たことであります。しかるに、今や被害がこの段階にまで達しますと、さすがに世論も圧倒的にこれを支持するようになり、さらに司法の領域においても、そうしたものの反映が見られるようになりつつあるのであります。

こうした観点から考えますと、今や公害のもっとも甚だしいのは、世界の国々の中でも、わが国ではないかと考えられるようになったのであります。それというのも、わが国のここ数年来の工業的生産力の上昇率の急激な点では、米国以外には、その例が見られないからであります。すなわち、生産力の急上昇というプラス面が大きいだけに、それに伴う他の反面、「公害」による被害という大きなマイナス面の増大を免れないわけでありまして、こうした点にもわたくしは、中国の「易」の世界観の示すような「宇宙の大法」の示現を、今さらのように痛感せずにはいられないのであります。

いわんやさらに、戦後わが国の生産力の急上昇については、以上述べてきた諸条件の他に今ひとつ、わが国は自国における資源の極度の窮乏を、いわば逆手につかって、その盛んな船舶の輸送力をフルに活用して、全世界のあらゆる地点から、もっとも良質な各種の資源を吸収しているのでありまして、この点がまたわが国戦後の工業生産力の驚異的な生産に対して、大なるプラスとなっていることは、まぎれもない事実といってよいでしょう。しかしながら「物盛んなれば必ず衰える」というは、厳たる宇宙の大法の示現《じげん》する冷厳極まりない真理でありまして、今や世界はようやく、世界資源そのものの限界に目覚めかけたのであります。随ってわが国の前途は、今やこうした点から考えましても、絶対に楽観を許さない兆候が徐々に兆《きざ》しそめているのであります。

かくしてわが国は、今やひとり公害問題だけでなく、資源問題という立場からも、容易に楽観を許されなくなったことは、何よりも最近の「石油ショック」によっても明らかだといえましょう。いわんやさらに、最近しだいに忍び寄りつつある世界的な「食糧問題」を考えますと、わが国の前途が、いかに容易ならぬものかということが、皆さん方にもお分かりになることでしょう。

第二二講——西洋文明とその限界

道服姿の名児耶先生は、今日も校長先生のご案内でお越しになり、やがて壇上に起って一礼の後、今日の題目を書かれ、そして次のテキストを読まれた。

㈦ **わたしが政治にかかわったのは宗教への献身のゆえである**　　ガンジー

「万有に遍在する真理の霊をはっきりと見るには、この世のいかなる卑小な物をも愛することができなければならぬ。またそれを熱望する人は、生活のいかなる場をも回避することはできない。だからこそ私は、真理への献身のあまりに、政治の場に引き入れられたのだ。私は全く謙虚にではあるが、いささかのためらいもなく、『宗教は政治とまったく無関係である』という人は、宗教の何たるかを知らない人だといい得る。」

今日のところは、ガンジーが、宗教と政治に関する自分の考えを、端的に表明している点で、ふかく注目すべきだと思います。もっともそれは、この一文の後半のところに述べられていて、前半は、いわばその基礎論ともいうべきものとなっていることも、また注意を要する点といえましょう。

さて前半において、彼の言おうとしていることは、宇宙に遍満している真理の霊(神)をハッキリと知るには、いかなる微細卑小な物でも、これを愛しなければならぬ——ということであって、その為にはわれわれは、如何なる困難をも回避してはならぬというわけです。

そこでこれを踏まえて彼はいうのです。自分が政治の世界へ引き入れられたのは、結局は真理への献身、すなわち愛のためだったのだと。同時に、そこからして彼はいうのです。「宗教と政治とはまったく無関係だという人は、わたくしから見れば、まだ真の宗教が如何なるものかということの分かっていない人だと思う」と――。

実さい、何というスバラシイ宗教観であり、政治観でしょうか。わたくしは、人類の将来はどう考えても、結局最後は、ガンジーの光に照らされる以外に、真の道はなかろうと考えるのであります。


さて前回にはわたくしは、「世界における日本」と題して、現在のわが国が、あの未曽有の敗戦のドン底から現在のように、一おう物質的繁栄といってよい段階にまで到達した民族の歩みのあらましについて、一瞥《いちべつ》してみたわけであります。そしてそこには、全く「奇蹟」としか言い得ないものがあったともいえましょう。そしてそれは、ひとりわれわれ日本人がそう思うだけでなく、むしろ心ある外国人の中にも、そうした感慨を以って、われわれの歩みに対して「驚異の眼」を開いて、眺めている人々があるようであります。たとえばアメリカの学者の中には、「日本研究」のグループがあって、それらの人々の研究成果は、むしろわが国の学者のそれよりも、多くの示唆を含んでいるものが多いようであります。

しかしながら、すでに前回の終わりの辺でも申したように、「宇宙の大法」の示現する真理は、今やわれわれ日本民族としても、いつまでもその物質文化の魔酒に酔い痴《し》れていることを許されないばかりか、むしろそれをもって、「神の警告」として受け取らざるを得ない段階にまで達したといってよいでしょう。

そして「公害問題」は、その最も典型的なものであると同時に、見方によれば、まだその発端に過ぎないという点については、すでに前回の終わりの辺で言及したのであります。実際この「大宇宙」には、無限絶大な不可視の「大法」が厳として行なわれているのであります。すなわち「天」は、単に物質的な繁栄のみを、無条件で与えるようなことはしないのでありまして、今や「公害問題」は、それに対して「天」の与えた深刻な代償の、むしろ端緒といってよく、われらの民族は、今や迫りくるこれらの大問題を回避しては、何事も為しえない運命にあるのであります。随ってそうした意味からは、「公害問題」を始めとする資源問題、食糧問題等は、これまでのわが国における、自然科学的文明の過度の発達に対して示された、「天」の一大警告といってよいでしょう。

しかしながら、われわれは、さしあたりこの「公害問題」と取り組むにあたっても、遠くそのよって来たった深因としての、西洋の自然科学的文明そのものに対して、根本的な批判ならびに徹底的検討の要があると思うのであります。何となれば、この「公害問題」こそは、西洋の物質文明の短所と弊害を、もっとも端的かつ深刻に、露呈するものだからであります。否、それは単にその弊害を露呈しているという程度ではなくて、今やわれわれに対して、有無をいわさず突き付けられた、巨大極まる「毒刃」といってよいでしょう。

かくして、今や西洋の自然科学的文明というものは、その極限的生産物として、一方には全人類の大部分を一瞬にして絶滅せしめる「原子爆弾」となり、他方には、人類をば徐々に「死」の淵に陥れる「公害問題」を発生せしめつつあるのであります。同時に、そこからしてわれわれは、そのような根本事実をふまえつつ、それから逆観して、そもそも西洋文明というものは、何故人類を、かかる悲惨な結果に引き入れる必然性を内包しているかという点に対して、今や根本的な深省の必要を、痛感せずにはいられないのであります。すなわちわれわれは、明治維新を境として、かれら西洋人種のもっていた、その巨大な物質文明の前にまったく眩惑《げんわく》せられて、かれらの掲げる「ヒューマニズム」の標識にも拘らず、その中に、いかに非人間的なものが隠されていたかということを、その歴史的淵源にまでさかのぼって、徹底的に洗い直してみる必要があり、今や遅蒔きながらも、その時期に達したかと思うのであります。

今このような観点に立って、いわゆる「西洋文明」と呼ばれるものを大観しますと、それは大たい三種の異質的文明の結合だということが言えるのでありまして、その三者とは、㈠ギリシア文明と㈡キリスト教文化および㈢近世に始まる自然科学的文明でありまして、それらはそれぞれ、その発生の事情を異にするものでありながら、その根底においては、一脈相通じるものがあるかと思われるのであります。

ではそのように、ギリシア文明、および中世のキリスト教文化と、いま一つ、それらとは根本的にその性格を異にする自然科学的文明という、これらの三つを貫く共通的な特徴は、一たい如何なるものでしょうか。それはわたくしの考えでは、結局「合理性」ないしは「合理主義」と呼ばれるものでありましょう。では、ここで「合理主義」という名で呼ぼうとしているものは、如何なるものかというに、それは一口にいえば、すべては人間の理性によって割り切ることができる――という考え方でありまして、それはまた一種の「人間本位論《ヒューマニズム》」といってもよいわけであります。同時にわたくしは、この点こそその長短是非の論はとにかくとして、いわゆる西洋文明というものを貫いている、最も根本的な特質ではないかと考えるのであります。

もっとも、このような見方に対しては、真先にキリスト教の立場から、一種の反論が提起せられるであろうことは必然でありまして、それはかくいうわたくし自身も、十分に予想した上でのことであります。では、そうと知りながら、何故わたくしは如上の見解をとるかと申しますと、それは仏教との対比において、キリスト教というものを考えているからであります。それはどういうことかと申しますと、キリスト教では、神はこの宇宙を超越する絶対者として考えられているのであります。すなわちキリスト教は、神はこの宇宙から超越して存在する独一神と考える宗教であり、しかもその神・人の間に、一種の契約思想の存在を認める宗教でありまして、このことはその根本経典である「聖書」が、共に「旧約聖書」「新約聖書」と名づけられていることにも伺われるのであります。勿論こうはいっても、それが宗教であるかぎり、そこに超理性的な一面のあることはもとより当然といってよいでしょう。否、そうした意味からは、キリスト教もまた宗教の一種として、人間的理性を超えた一境に、真の救済の可能根拠を認める点からは、これを単に理性的宗教だと片づけられぬことは、改めて申すまでもないことであります。

だがそれにも拘らず、そこに理性と結びつく可能的要素を内在せしめていることは、キリスト教がギリシア哲学、とくにプロチノスを媒介として自己を深化せしめ、中世キリスト教教学の基礎づけをした聖アウグスチヌスを生み、さらにそれはアリストテレスの理性主義と結合して、かの聖トマスを輩出せしめたことによっても明らかだといえましょう。

以上のように見てきますと、西洋の天地に、人間理性の力によって自然界を征服し、これをわれわれ人間に従わしめようとした自然科学を発生せしめたことは、決して偶然でないことを思うのであります。実際自然科学というものは、唯今も申しましたように、われわれ人間が、自らの理性を道具とすることによって自然界を改造し、それを人間の用に供せしめようと意図した、その巨大な成果だといってよいでしょう。そしてわれわれ人類は、きわめて最近に至るまで——それは厳密にはかの「原爆」の出現までといってもよいが——その巨大な貢献に対して、ほとんど何人もこれを疑うものは無かったのであります。もっともこうはいっても、これ以前にも一部の人びとから、それに対する批判が全然無かったわけではありません。しかしそれらはほとんど黙殺せられて来たといってよいでしょう。

しかるに、「原爆」の出現によって、さすがにそれまでウカツだった人類も、これまでまったく無条件的に礼讃してきた西洋の自然科学的文明に対して、絶大な懐疑の念を抱くに至ったのであります。もちろんそれは、当然という程度を超えた必然といってよいわけであります。何となれば、それは全人類に対し、その一挙的絶滅を宣告したものだからであります。もしここまで来ても、なお自然科学的文明に対して、何ら疑惑の念を持たないとしたら、それは余程どうかしているという他ないわけですが、それにも拘らず、人類は「原爆」の出現だけではいまだ十分に目覚めなかったともいえましょう。かくして「天」は今や人類に対して、とくに自らを先進国民と自負している白人種、及びそれに追随しているわれわれ日本民族に対して、今や「公害問題」という、まるで真綿で首を絞めるように、絶対に逃れっこのない日常生活上の包囲作戦を開始したともいえましょう。

このように西洋文明というものは、いわば人間理性の過重視の立場に立つものというべく、随ってそれは、必然に人間本位の立場にたって、全自然界を、いわば敵とする立場から生まれたものといってよいでしょう。ではそのような文明が、一体どうして西洋において生まれたかということが問題となるわけですが、それは恐らくは西洋諸国の多くが、寒冷の地が多くて農耕に適せず、牧畜を業とすることによって、そこに衣食の資を求めたが故でありましょう。すなわち彼らは、しぜんと肉食を主とするようになり、そしてそれは必然に、動物の屠殺に対しても不感症になり、そしてそこに一種残忍酷薄の性を助長したことは、むしろ当然というべきでしょう。

同時にまた、彼らには、そこからして物事に対して、徹底せずんば止まぬという性情が養われて、高山の征服にその端を発して、次第に海洋への探検に赴くようになり、かくして南北両アメリカ大陸の発見の如きも、その結果だといえましょうが、同時にかれらは、ひとり獣類に対して非情なばかりでなく、有色人種に対しても、これが人類の一部たることを思わず、残忍に酷使してきた報いが今や「黒人問題」として、如何《いか》んともし難い難問となって、かれらの前に突きつけられているわけであります。これに対してわれわれは、今さらの如くに「天意」というか、むしろ「宇宙の大法」の厳たることを思わしめられるのであります。

かくして西洋文明というものは、一おうその限界が見え出したともいえるわけであり、否、今やその限界点に近づきつつあるといってもよいでしょう。実際、原子爆弾が広島に投下せられたのは、今からわずかに三十年ほど以前の事に過ぎませんが、その後わずかに四分の一世紀しか経過しない現在、さらに新たなる神の警告としての「公害問題」の発生により、それまで全く無条件的に肯定してきた西洋の自然科学的文明というものが、かくも速くその限界にぶつかろうと、果たして何人が予想したことでしょう。同時に、その絶対性が盲信せられてきた人間理性そのものすら、一面には如何にはかないものかということが、今や観念的にではなく、冷厳な現実によって知らしめられつつあるというのが、現在人類の置かれている現状といってよいでしょう。なるほど西洋の天地にあっても、シュペングラーの如き偉材は、はるかなる以前において、すでにその著「西欧の没落」を書いて、一大警告を発したわけですが、しかも予言者の運命の常として、トインビーその他少数具眼の士によってしか、久しい間その警告の深意は十分に認められなかったのであります。しかし今やその警告は、いわば「神」の警告の代言ともいうべき意味を以って、全人類を震撼《しんかん》しつつあるといってよいでしょう。

第二三講――東洋への回帰

今日も道服姿の名児耶先生は、校長先生の先導でお越しになり、やがて登壇。一礼の後、今日の題目を書き、次のテキストを朗読せられた。

(八) **微妙な感情にうち克つことは武力で世界を征服するよりはるかに困難である**　ガンジー

「生きとし生けるものと一体になるには、『自己浄化』が不可欠である。自己浄化の伴わないアヒンサー(博愛)の理法の遵守は、うつろな夢に留まるに違いない。純真な人でなければ、神を認識することはできない。浄化は、はなはだ伝染度の高いものであるから、自己を浄化すれば、必ず自己の周囲を浄化することになる。

しかし自己浄化の道はきびしい。完全に清浄になるには、思考・言葉・行動の三面で、激情を絶対的に遠ざけねばならぬ。愛と憎しみ、愛着と嫌悪の対抗する流れを超えなければならぬ。

私は常にたゆみなく努力しているが、まだこの三重の清浄が、身についていないことを知っている。だからこそ私は、世間の称讃にも動じることがない。微妙な感情に打ち克つことは、武力で世界を征服するよりはるかに困難である。」

今日のところは、これを一言でいえば、ガンジー自身における「自己浄化」という問題が、その中心となっているといってよいでしょう。大たいの意味は、読まれればお分かりと思いますので、一々の説明は省きますが、自己浄化を欠いたアヒンサー（博愛）は本物ではない――という一語は深いですね。しかしこの自己浄化は、結局は神に近づくことだというわけです。そして一切の愛憎の念を越えねばならぬといっているのであります。

同時に注意すべきは、ガンジー自身が、「自分はまだ自己浄化ができていない」といっており、そしてそれ故に、自分は世間的な称讃によって動かされないともいっています。とくに最後の一句は偉大ですね。

前回においてわたくしは、今ようやく、普遍的な関心となりつつある「西洋文明」の根本的性格、並びにそこからして必然に結果せられて来たその限界について、ホンのその一端についてお話したのであります。だがそれにしても、今から十年かせいぜい二十年以前までは、ごく一部の人を除いては、何人がはたして西洋文明の行きづまりを、かくも広汎かつ深刻に予見し、洞察していたといえるでしょうか。それというのもその原因は、次のような点にあるかと思うのであります。というのも、本質論的立場に立って深思したならば、西洋文明の限界というか、その行きづまりについては、すでに「原爆」の発明、ならびにそれらの広島への投下という一事によって、全人類はこれを察知し洞察すべかりしはずだったのであります。しかるに現実には、人類に対するあれほど殲滅《せんめつ》的な超武器の出現にも拘らず、尚かつ人々が西洋文明の根本的な限界、並びにその衰退を、実感として感受することが比較的少なかったのは、そもそも何故でしょうか。思うにそれは、原子爆弾は、なるほどそれが、万が一にも投下せられたとしたら、人類の大半は殺傷せられるにも拘らず、多分は抑止しうるであろうとの希望的願望によって人々の心眼が曇らされているに対して、「公害問題」のほうは、なるほど徐々にではあっても、とにかくわれわれの日常生活の全面にわたって、一種の無形の「包囲網」が張り廻らされて、いわば真綿で首を絞められるよう進行して来たために、次第に人々の多くが、西洋文明はすでにその極限に達して、今や下降線をたどり出したのではないかとの感を抱くようになって来たのであります。

同時に、ここまで来て心ある人々は、今やそれに対する対策としては、何らかの趣きにおいて「光を東方に」求める他ないという念いが兆しつつあるようであります。そこで問題は、われらの東洋文化というものは、一体どうしてそのように、自らの限界に達しかけた西洋文明を救う力があるといえるのでしょうか。しかしながら、この点の究明を試みるにあたっては、われわれは先ず、一般に東洋文化と呼ばれるもののもつ、その基本性格が、一たい如何なるものかということの究明を要するでありましょう。

ところが、一般に東洋文化と称せられていても、実際には、それは決して一様のものでないことについては、皆さん方もすでに一応のことはご存じかと思うのであります。それというのも、一般に東洋文化と呼ばれているものについても、われわれはそこに、インド文化と中国文化、及び日本文化という、三大領域が考えられるからであります。しかもこれら三種の文化の行なわれている三大領域は、現在といえども、それぞれの地域に現存しているのでありまして、その点では、いわば一色に塗りつぶされている西洋文明とは、その趣を異にしているといってよいでしょう。というのも、西洋文明については、それはギリシア文明、中世文明及び近世の自然科学的文明というように、それぞれ異なった源流をもちながら、しかもそれらは、順に前者は後者によって徐々に包摂せられながら、現在に到っているのでありまます。すなわち、そのかみのギリシア文明は、その後のキリスト教文化の中に包摂せられ、またそれらギリシア文明とキリスト教文化とは、近世に入っても自然科学的文明と共存しつつ、現在のいわゆる西洋文化を形成しているわけであります。それゆえ今日、ギリシアの地へ行って見ましても、ギリシア文明の廃墟はあっても、そこには、生きて現存しているギリシア文明というものは見られないのでありますます。また同様のことは、キリスト教文明についても言えるわけでありまして、すなわち今日キリスト教文明の残っている地域はどこかといえば、それを地域的に区別して考えることは、不可能といってよいでしょう。すなわちそれは、強いていうとすれば、現在白人の住んでいる地域の全部という他ないでしょうが、しかしそこには、ギリシア文明も摂取せられている上に、それは深く自然科学的文明と一つに結びついているのであります。すなわちそこには、一口にいって、文化の重層性が形成せられているわけであります。

しかるに、ひるがえって東洋の天地をかえりみるとき、そこでは如何なる相貌を呈しているといえるでしょうか。もっとも、後にも述べるように、東洋文化にも、やはり一種の重層性がないわけではありません。しかも東洋文化の特質の一つとして、それらは今日なおそれらを生んだ地域に、生きているのであります。もっともこれは、一般的な立場から見ての概言でありまして、もし厳しくいったら、部分的には当たらぬ点もないわけではないでしょう。たとえば、インド文化について考える時、インド文化として最も代表的なものとしては、人にもよりましょうが、少なくともわれわれ日本人としては、一おう仏教文化を考えるわけですが、しかしいわゆる仏教文化というものは、それを生んだインドの地には、現在ほとんど存在していないといってよいのであります。現在インドで仏教の生き残っているのは、わずかにセイロン島という、小さな一地域に過ぎないというのが実情であります。これに反して、仏教が現在もなお生きているのは、中国から日本へかけてでありまして、とくにわが国においては、今日なお盛んに生きているといえましょう。

ではひるがえって、現在インドの大部分を支配しているのは何かといえば、それはインド教と回教でありますが、しかしインド教は、いわば仏教の前身であって、仏教はそれの洗練深化せられたものといってよいことを思いますと、あの広大なインドの地域には、今なおインド教が、何億というその人民の中に生きているのでありまして、この点では、今日ギリシアに行って見ましても、廃墟以外には何らギリシア文明というべきものの生き残っていないのとは、根本的に違っているといってよいでしょう。

しかるに、同様のことは、また中国文化についても、言えるのでありまして、なるほど現在の中国は、一おう政治の指導理念としては、マルクス・レーニン主義によっていることは、申すまでもありませんが、しかし仔細にその体質を考えてみますと、あの七億を数える中国民衆の基盤を形成しているものは、根本的にはやはり、中国文化だといってよいでしょう。そしてその点については、現在中国の指導理念となっている毛沢東思想というものも、単なるマルクス・レーニン主義ではなくて、そこには著しく中国化せられたその着色を、感知せずにはいられないのであります。

では、ここで「中国文化」というのは、一体どういうものでしょうか。それを今思想という角度から考えてみますと、古来中国の思想には、異質的な二つの領域があるのでありまして、その上部構造は孔孟の思想、すなわち儒教の教学でありまして、わが国でも徳川時代には、中国の思想的文化を、主としてこの面からのみ摂取して来たといってよいでしょう。それというのも儒教というものは、その発祥の地である中国においても、主として上層の支配階級が修めた学問であり、またそれをわが国で学んだ階層も、主として支配階層だったからであります。

ところが、本場の中国では、こうした儒教の他に、今一つ異質的な思想が行なわれていたのでありまして、それは端的にいえば「道教」なのであります。そしてそれを学問的に支えていたものが老荘の思想、すなわち老子及び荘子の思想なのであります。ところが、この道教というものは、民衆に密着した土俗的な思想なのであります。かくして老荘の思想は、孔孟の思想が、いわゆる士太夫の学というか、支配階級の思想だったのに対して、いわばそれへの消極的プロテストとして生まれた在野的な思想なのであります。同時にまた、そうした点からは、一種の隠者的な思想ともいえるわけですが、その根はやはり民衆の思想としての道教的なものに根ざしていると言ってよいでしょう。

ところで、中国には前にも一言したように、仏教思想が流入したのでありまして、天台や華厳から、真言密教及び禅などは、いずれも仏教が中国に入って成就した転身創造の所産といってよいでしょう。そしてそれらは、儒教に対しても、色々とその影響を与えたのでありまして、それは特に宋代の儒教において著しく、朱子と王陽明、中んずく王陽明においてその影響は顕著といってよいでしょう。

そこで、最後に問題なのはわが国ですが、わが国の思想を考える上で、一ばん大事な点は何かといえば、それはわが国には、以上述べて来たような、民族に固有の思想形態というものは存在しないわけですが、同時に民族の一ばん根底を流れているものは、いわゆる「神ながら」の名で呼ばれているものでありまして、これは何ら自らの教学としてのわくを持たない「民族生命の原始無限流動」ともいうべきものなのであります。随ってそれは、何ら固定した自らの思想体系をもっていないために、かえってあらゆる他の思想をうけ容れて、その精髄を摂取しつつ、いつしか自己のものに消化する根本的な作用《はたらき》であります。かくしてわが国は、皆さん方もご承知のように、儒教と仏教を受け入れた上に、維新以後は、さらに西洋文明を摂取して今日に到ったわけであります。

さて以上わが国の文化は、東洋文化の代表的なものとして、仏教と儒教の摂取にやや手間どったともいえましょうが、現在のように、西洋文明が一おうその限界に達した現在、人類の前途を考える時、この辺でもう一度出発点にもどって、東洋思想への回帰と省察が必要だと思うのであります。では何故そうしたことが言えるかと申しますと、それは西洋文明を仮りに「有の文明」とすれば、われわれ東洋の文化は、それに対してはまさに「無の文化」だからであります。では一歩を進めて、そのような「有の文明」と「無の文化」とは、いかに違うかと申しますと、結局西洋文明というものは、人間中心主義の文明であり、さらに突きつめていえば、自我中心的な文明だといってよいでしょう。かくして「有の文明」とは、端的には「自我中心的な文明」であるに反して、東洋文化は「無我」を根底とする「無の文化」といってよいでしょう。

では、そのような「有の文明」、すなわちまた「自我中心の文明」というものは、どこにその特徴があるかといえば、それはわれわれ人間の知性と、それに基づく文明を以って至上と考え、それのもつ相対性、すなわちその果《は》かなさに気づかない点であります。しかるに東洋文化においては、いかなる人間的な知慧も努力も、結局は果かなくて空しいことを知っているのであります。もっとも、こうした思想の源流は、インド、とくに仏教にその端を発していることは申すまでもありません。しかしそれは、中国を経てわが国に流入することによって、更に深められたのであります。ところが、われらの民族の思想的体質というか、その母胎になっているのは、先ほども申したように、元来「神ながら」としての民族生命の原始無限流動ですから、かりに一度は西洋文明に眩惑せられたとしても、やがてそれが限界に達したことを知れば、いつまでもその模写的摂取に終始していないことは、すでにわれわれの祖先によって行なわれた、異質文化の摂取の跡を見れば明らかであります。

同時にこのように考えてきた時われわれは、今やこのような観点に立って、民族の新たなる使命について考えざるを得ないのであります。ところでその場合、わたくしとして最も重大と思われるのは、わが国の「島国性」の問題でありまして、これはほとんど宿命的といってよいほどに運命的なものと思うのであります。しかしこれらの点については、いずれ次回に、改めて考えてみたいと思いますので、ここではこれ以上は立ち入らぬことにしたいと思います。

第二四講 ―― 民族の使命と島国の運命

道服姿の名児耶先生には、今日も校長先生の案内でご入場。やがて壇に上がられ、一礼の後、今日の題目を書かれ、そして次のテキストを読まれた。

(九) わたくしは人間への奉仕を通して神に接している

ガンジー

「私は人間への奉仕を介して見神に励んでいる。というのは、私は神が天界にましますのでも、下界にましますのでもなく、一人一人の人間の心の中にましますのを知っているからだ。
実際、宗教はわれわれ人間の行為のすべてに浸透していなければならぬ。そうなってこそ、宗教は宗派心ではなくなり、宇宙の秩序ある道義的秩序への信頼を意味するものとなる。」

今日のところも、ガンジーの宗教観の一つの重要な面が伺われますね。そしてそれは、かれが「自分は人間への奉仕を通して神に接している」といっている点に明らかでしょう。どうも既成宗教では、ともすればこの点が見逃されがちであり、少なくとも軽視せられている場合が多いかと思われます。それだけに、ガンジーの宗教的信仰は生きていますね。

どうも既成宗教の多くは、自分と神との関係――というよりも、神の問題ばかりを問題にしがちで、肝心の人間がなおざりにされがちですが、わたくしは人間こそ大事であり、われわれ人間が真に神の心に触れるのは、人間を通してである——と、かねてから考えているだけに、ガンジーのこのような考えに触れて、深い同感の念を禁じえないのであります。もちろんその深さの点では、天地ほども違いましょうが、しかし方向だけは、大して間違ってはいなかったかと思うと、何ともいえず喜ばしい感がいたします。

さて前回二回にわたってわたくしは、西洋文明と東洋文化とのもつ特質を、一応大観してみたわけですが、では何故そういうことをしたかと申しますと、それは今やわれわれ人類の当面している問題は、これを一口で言うとしたら、自然科学的な西洋文明が行きづまって、今やその限界に達したわけでありまして、それは端的には「原爆」と「公害」という二つの典型的な現象によって明らかだと思うのでありますす。そのうち前者、すなわち「原爆」のほうは、自然科学的文明の最尖端といってよいのに対して、「公害問題」のほうは、それに対しては、いわばその拡散的な拡大現象といってよいでしょう。かくして今やわれわれは、西洋の自然科学的文明の根本性格を考える場合には、つねにこれは二つの、いわば円心と円周にもたとえられる対極的視点から考える必要があると思うのであります。しかしこれら両者は、それがいずれも自然科学的文明の生み出した、その必然的帰結といえる点では、何らの相違もないのであります。

ところで、今やその弊が極限点に達したともいうべき、自然科学的文明の弊害を是正するには、すでに述べたように、東洋文化への反省とその回帰が必要であって、その点については、すでに前回の終りの辺で、東西の文化を、「有の文明」と「無の文化」、または「自我の文明」と「無我の文化」と規定して、一おうの解明を試みたのであります。尚この際、一つ注意すべきことは、それなら何も東洋文化への反省や回帰などしなくても、キリスト教の精神に立ち還ることによって、十分に可能ではないかと考える人もあろうかと思いますが、わたくしとしては、必ずしも安易に肯定しえないのは、現実の歴史的事実として、キリスト教文明だけではそれが不可能だったこと、そしてそれにはやはりそれだけの原因があっての故だと考えるからであります。

かくして、人類の将来の文化は、現在いわば不当に膨張した「有の文明」としての西洋の物質文明と、「無の文化」としての東洋文化とが、互いに歩み寄ることによって、そこに新たなる人類の文化の生まれ出る可能性が約束せられているかと思うのであります。しかしそれによっても明らかなように、来るべき新たなる人類の文化は、西洋の自然科学の所産である物質文明を否定したものではなく、またそうした事は不可能だといってよいでしょう。しかしながら、同時にそれは、これまでのように、その無制約的な拡大膨張は許されないのであって、そこには必然に、ある種の規制と制約とを要するわけであります。そしてそのような規制と制約の原理こそ、実はわれわれの東洋文化の中から見出されるでありましょう。

何となれば、東洋文化の特質は、すでに申したように、それは「無」とか「空」とかを原理とする文化であって、言いかえれば、無我の原理をその根底にふまえて、成立している文化だからであります。随って、西洋文明の特徴が、その中核を為している「自我」の拡大が、その根本性格であるのに対して、

「無我」を根底におく東洋文化の根本性格は、自己否定、ないしは自己抑制を原理とするものといってよいでしょう。随って問題は、端的に申せば、自然科学を中心とする西洋文明が、今やその拡大化の極限に達したために、その抑止の原理を、「無我」を基本とする東洋文化への回帰によって、発見する他ない処まで来たといってよいでしょう。

そこで、さらに一歩を進めて、ではそのような、今や人類の進むべき方向に対して、多少とも示唆を提供しうるような民族ないし国民は、世界の諸民族のうち何処に見出しうるか、という現実の問題となるわけであります。そしてこの点については、全世界を見渡しても、われらの民族ほど、これに相応《ふさわ》しい民族はないのではないかと考えるのであります。もっとも、このように申しますと、人びとの中には、「しかしわれわれは戦前すでにそうした誇大な自負によって、ついに国を破局にぶっつけたのだから、ここに再び同じような過ちに陥ることは、断じて避けなければならぬ」と考える人も決して少なくあるまいと思うのであります。そしてその点については、かくいうわたくし自身においても、そのような危惧の念が全然ないわけではないのであります。しかしそれにも拘らず、「では他に一体いかなる民族が、われわれ以上にその資格を持っているか」ということになりますと、遺憾ながら他には考えられないのであります。

では、一歩を進めて、何故わたくしがわれらの民族こそ、そのように西洋文明と東洋文化との歩み寄る一線を求めて、将来その融合が行なわれるとき、少なくともその縮図的原型を提供すべき任務があると考えるかについては、そこには種々の理由があるのでありまして、以下それらの点について、多少の解明を試みてみたいと思うのであります。

さてこの点に関して、まず第一に考えられるのは、ご存じのようにわれわれ日本民族は、有色人種の中では、全国民が単一の民族構成であって、言葉はもとより風俗習慣から、その生活上の情感においても、きわめて濃度の高い共通文化度に達しているという点であります。では何故わたくしが、このようなことを申すかというと、それはわれわれがここで問題としているのは、将来の東西文化の融合に対して、いわばその縮図的原型を提供するという使命でありますから、そこに要請せられるものは、現在すでに相当高度に東西文化を摂取している民族でなければならぬわけであって、こうした観点に立つとき、たやすくは他に求め難いのであります。

次に第二の点としては、そうした東西文化の溶融の大任に堪える民族ないし国民は、何よりもまず当然の資格として、漢文字を自由に駆使しうることが、第一の必須条件として考えられるのであります。何となれば、はるかなる人類の未来を想望すればとにかく、少なくとも現在われわれの考えうる範囲では、この東西文化の融合というか、その縮図的原型の提供者たる国民には、一つの不可欠な必須条件として、この漢文字の読解力、否その駆使能力が考えられねばならぬからであります。

ところが、単にこの点だけについていえば、われわれ以外にも、漢民族や朝鮮民族が考えられるわけですが、しかし次の第二の条件ともいうべきものとして、その民族は現在すでに西洋文明を摂取して、かなり高度の文化度に達しているという点でありまして、この点では、どうヒイキ目に見ても、われらの民族以外には考えられないのであります。

さらに、われらの民族に、そのような重大な使命が課せられていると思われる、今一つの理由としてわたくしは、わが国が島国だという点を挙げたいのであります。しかしこのように申しますと、おそらく皆さん方は、その意外さに驚くというより、むしろ呆気《あっけ》にとられる人のほうが多いかと思うのであります。それというのも、これまでわたくしたちは、わが国の国土の意義については、すなわちそれのもつ長短等その特質については、何ら教わる機会のなかった人が多いと思うのであります。そしてわが国土については、多くはその矮小性《わいしょう》のみが力説せられて、この島国性のもっている特質については、どうもその意義が力説せられなかったのではないかと思うのであります。しかしわたくしの考えでは、わが国が「島国」だということは、実に深甚な意義があると考えるのであります。

そこで、この点について考えるには、われわれは遠くにその例を求めるまでもなく、隣国の韓国と北朝鮮とを考えるだけで十分だといえましょう。それというのも、古来この朝鮮半島を支配した種々の民族のたどった興亡盛衰の跡を一瞥したならば、何人も思い半ばに過ぎるものがあるでありましょう。もっとも、ここには、それらの歴史上の諸民族の転変を考える前に、何故それらの民族及び国家は、そのような転変の運命を免れなかったのか、その原因についてわたくしは考えたいのであります。そして、そこからして帰結せられるものは、いわゆる半島というものは、その地形的制約からして、独立の永続的確保が至難だということであります。では何ゆえかと申しますと、それはつねに、半島の背後にある強大国からの圧迫、ないしは征服の危険にさらされるからでありまして、現に朝鮮半島の歴史は、深刻にこの真理を実証しているわけであります。

ところが、それが島国ということになりますと、四辺が海に囲まれているために、古来わが国が外敵によって征服せられたということが無かったということも、結局は海によって周囲の国々から遮断せられていたからであります。もしわが国が仮りに朝鮮半島の延長線上にあったとしたら、元寇の際にも甚だ危険だったといえましょう。同時に、ジェット機が空を飛ぶような現在においてさえ、尚かつわれわれが、外敵からのある種の安堵感を保ちえているのは、現在なお国境を地続きによって、他国と接していないからであります。

久しい以前から、このような見解をもっているわたくしは、わが国の歴史と文化を考察する上で、もっとも重大な契機となっているのは、このような「島国性」の問題と考えていたわけですが、それに対して従来は、同様の見解をもっている学者はほとんど見出しえませんでしたが、今から十数年前に、初めてわが国を訪れたトインビーが、わが国における講演集の「歴史の教訓」（岩波書店刊行）の中で、初めてこの島国性の問題に言及して、「日本史を理解する最大のカギは、その島国たる点にある」云々と述べているのを発見して、さすがに世界的な碩学《せきがく》との感を深くしたしだいであります。

さて話を元へもどして、わたくしの考えでは、島国というものは、これを図形で表わすとしたら円であり、随ってそこでは、文化の統一性が比較的よく保たれるわけであります。さらにいえば、その場合あまり遠からぬ辺に、文化の先進国のある場合は、さらに恵まれた条件といってよいでしょう。何となれば、適宜にそれを摂取しながら、しかもそれによって侵略せられる恐れが少ないからでありまして、わが国の中国文化に対する関係は、まさにその典型的な場合といってよいでしょう。もっとも、その点イギリスが、島国でありながらフランスからの侵略をうけたのは、ドーバー海峡が狭くて、実質的には一種の半島に近い役割しか持たなかったということを教えられたのも、やはりトインビーだったのであります。

以上、やや多岐にわたったきらいはありますが、わたくしの申したいことの中心は、来たるべき東西文明の融合・統一への具体的縮図を提供しうる国のもつべき第三の条件は、以上述べたように島国ということでありまして、それは上に申すように、もともと根本的に質を異にする、これら二つの文明が溶融するために、一つの縮図を提供するには、それらの二大文化を溶融すると共に、ある程度その濃度を高くする必要があるわけですが、そのために必要な客観的条件としては、以上申したように、結局島国性ということが、ほとんど絶対不可欠の条件というべきかと考えるのであります。

第二五講——第一の開国と第二の開国

今日も道服姿の名児耶先生には、校長先生の先導でお越しになり、やがて登壇。一礼の後、今日の題目を書かれ、ついで次のテキストをお読みになった。

㈢　**宗教は人間の数ほど多数存在する**　　ガンジー

「宗教は一カ所に集まる別々の道である。同じ目的地に到達するのであれば、別々の道を歩んだところで、どうということはない。事実、宗教は人間の数ほど多数存在するものである。

自己の宗教の真髄を会得した人は、他の宗教の真髄をも会得したことになる。」


今日のところも、ガンジーの宗教観のある一面ですが、これによって、ガンジーの政治活動の根底が、いかに深くその宗教的信仰に基づいているかがお分かりでしょう。

ところで今日のところは、二宮尊徳の「世の中に真の太道はただ一筋なり」というのとまるで両手を合わせるほどよく似ていることが分かって、今さらながら、真に「偉人」と呼ばれる人びとの偉大さが痛感されますね。

ガンジーは「宗教は人間の数ほど多数存在する」といっていますが、全く同感でありまして、わたくしも色々と誤解の恐れのあることを承知の上で、よく「宗教というものは、結局は〝一人一宗〟ですよ」といっているのであります。それというのも、人間各自が、自分の生命の奥底において、神に直接しているわけですから、随ってその角度は極微的には、万人ことごとく異なるわけであります。

同時に人間は、ガンジーもいっているように、真に神に直接していることが分かったら、すべての人を愛し、それに対して親切になることでしょう。けだし凡ての人間は、みな神の子だということが判るからであります。

さて前回にはわたくしは、東西文明の歩み寄りから、さらにその融合に到るためには、どうしても、そこにある種の媒介となるものが必要なわけですが、しかしそのために必要な、もっとも現実的な契機となるものは、いわばそれへの縮図的原型を提供する民族の存在が、要請せられることを述べたのであります。そしてそのような使命を負荷するに堪える民族として、われわれ日本民族は、自らに対して与えられている現実的諸条件について、慎思し深省するの要があるかと思うのであります。

もっとも、「公害」の甚だしい点でも、わが国は現在、世界における首位を占めんとしつつあるようですし、またその精神面から見ても、いささか物質的繁栄に酔い痴れて、まるで有頂天になっている民族の現状を見るとき、とうてい前回述べたような遠大な理想を負荷するに堪える民族ではなさそうにも思われます。しかしまた歴史的な問題を考える場合には、いたずらに眼前の波瀾《はらん》の一高一低によって、心を動揺せしめず、静かに世界史の興亡起伏を大観しつつ、自らの民族の歩みに対して、いかに少なくとも、最低一世紀程度の単位を基準として、その歩みを慎思し省察するの要があると思うのであります。

そこで今日は、「第一の開国と第二の開国」と題して、わが国の明治維新、ならびに今回の敗戦を契機とする変革の意義について、少しく考えてみたいと思うのであります。

さて、わたくしは、わが国の明治維新について考える時、いつも痛感せしめられるのは、結論的にいって、まったく「奇蹟」という他ないということであります。そしてそれは、わたくしが明治維新について多少とも調べたり考えたりすればするほど、この感慨はいよいよ深くなるばかりであります。実際あれほど無数の、しかも至難な事件が一時に押し寄せ、それらが互いに相錯集中しながら、しかもついに当面する難局を美事に突破し解決した歴史的事例というものは、ひとりわが国の歴史上空前なだけでなく、広くこれを世界史上に見ても、容易にその類例を見出し難いといってよいでしょう。歴史というものに関して全く門外漢のわたくしではありますが、しかしこのような感慨を、どうしても否定しえないのであります。同時に明治維新ほどに、内外共に複雑な条件の下に、根本的な一大変革が行なわれながら、しかもあのように、最少の犠牲によって成功したという例は、これまた恐らくは世界史上にも、全く稀有といってよいかと思うのであります。

ではどのような点が、かくも奇蹟的との感を与えるかというに、その一つは、内にあっては開国と攘夷という、まさに正逆の主張が、幕府側と薩長側において行なわれたということでありまして、しかも国際的には、もはや国を開く他ない時点にさしかかっていながら、しかもそれが民族における二大勢力によって、互いに抗争せられたという点でありまして、実際あの井伊大老の開国条約への調印と、それを責める尊皇派の志士たちによる違勅討伐の激烈な抗争は、文字通り読む者をして手に汗せしめるといってよいでしょう。

しかもその際重要な点は、国際情勢という点からいえば、宮廷方よりも幕府のほうが、直接海外の情勢が耳に入りやすいのと、さらに直接外国の使者たちと折衝する立場におかれている故、宮廷側よりも、はるかに世界の情勢に通じていた幕府側が、違勅と知りつつも、ついに通商条約に調印したのは、まったく当然といえましょう。しかるに、何ゆえそれが最後には、尊攘派の勢力によって倒れたのでしょうか。すなわち、ちょっと考えれば、開国論の幕府のほうが勝っても良さそうに思われるのに、そうならなかったのは、そもそも何故でしょうか。もちろん根本的には、幕藩体制の矛盾からくる経済状態の極度の逼迫《ひっぱく》という為ではありましょうが、しかしそれと比べて勝るとも劣らなかったのは、尊攘派の立場は、民族の主体性の立場に立っていたからでありましょう。そしてこの事は、後に尊攘派が、ひとたび天下をとるや、直ちに開国論に一転したことによっても明らかであります。

かくして明治維新の変革において、われわれとして最も注意すべき点は、民族の主体性に立った変革という点でありまして、この点が後に述べる第二の開国としての、今次の敗戦を契機とする変革とくらべて、根本的に異なる点と思うのであります。そしてその点では、幕府側としましても、なるほど当時のヨーロッパの情勢は、英仏の両国をして、わが国の内政に干渉して、内乱を勃発させるまでの十分な余裕がなかったという事情も、もとより考慮に値いする事柄でありましょう。しかしながら、勝海舟とか山岡鉄舟などという人物が、やはり国を内乱に陥れるに忍びずして、いわゆる江戸城の無血明け渡しにまで事を搬んだ英知を、その背後において支えていたのは、幕府側にも、消極的受動的ではあったにしても、やはり民族としての本能的な英知が働いていたせいだというべきでしょう。

かくして、一見、薩長側を通して働いたともいうべき民族の主体性は、当時の国際情勢については、幕府側ほどには通じていなかったとはいえ、最後のドタン場の一歩手前まで、尊攘の大幟を掲げて、いわば相手を寄り切るという放れ業を演じると共に、ひとたび幕府を倒すや、直ちに百八十度的転回を敢行して、開国の国是を採用したわけであります。そしてそれが、如何に根本的なものであったかは、かの「五カ条の御誓文」によって明らかといえましょうが、それというのも、尊攘側の立場が、民族の主体性に立っていたが故といってよいでしょう。

かくして、明治政府のその後の歩みは、皆さん方もご承知のように、世界史上にも類例の少ないほどに着々として諸般の内政の改革と共に、対外的にも、日清・日露の二大戦役によって、とにかくも戦勝して、国威を海外に輝かしたわけであります。しかも、わが国の日露戦争に勝ったということは、皆さん方はどの程度にご承知かは存じませんが、実質的には辛勝だったのでありまして、そのことは当時の小村寿太郎大使の苦衷が、何よりもよくこれを語っているのであります。すなわち、旧制ロシアのような、強大国を相手にして勝ちながら、しかもあれほど硬骨の外務大臣が、その局にあたりながら、しかも講和条約によってわが国のかちえたものは、わずかにカラフトの南半分だけであって、一文の賠償金さえとれなかったというので、その間の内情に暗い一般民衆によって、外務大臣邸の焼打ちが行なわれた一事によっても、この間の消息の一端は伺えるわけであります。

だがそれにも拘らず、わが国の日露戦争によって、白人国家の一つの旧制ロシアに勝ったということは、有色人種がはじめて白人国家に対して勝利を占めたわけでありまして、まさに世界史上空前の事例として、全世界の有色人種から、われわれの考える以上に、高く評価せられたのであります。かくて「第一の開国」としての明治維新は、これを一言にして、民族の主体性を中軸として行なわれたといってよいでしょう。

しかるに、今回の敗戦に伴う変革は、これを結果的に見ましたら確かに一種の開国ともいえましょうが、しかしこれをその内面より見るとき、それはどうしても、民族の主体的行動としての「開国」とは言い難いのであります。だが、それが敗戦を契機とするものである以上、一おう当然の事といってよいでしょう。しかし注意を要する点は、それが主体的な「開国」でないにも拘らず、実質的には一種の開国だったという点からして、今回の敗戦を契機とするわが国の変革は、今日改めて深く検討を要するものがあると思うのであります。

では、どうしてそのような事をいうのでしょうか。しかしこの点について考えるには、われわれは何よりもまず、今回の敗戦の深因について考える必要があると思うのであります。もちろんこの点についても、人によってそれぞれその見解を異にするとはいえましょうが、しかしそのうち最大なるものは、やはり当時の軍閥の横暴によって、実力過信に陥った点からくる惨敗という他ないでありましょう。その点については、すでに述べたように、日露戦争は実質的には辛勝であったにも拘らず、その結果が世界的に注目を集めたことによって、わが国の旧軍閥は、ようやくその心に弛緩《しかん》を生じるようになり、かてて加えて、日露戦争以後、今次大戦に至るまでの三十余年という長い歳月の間、わが国はほとんど戦争らしい戦争はせず、そのためにわが国の軍閥は、いわば一種の虚位に奢り高ぶっていたのでありまして、そのために、自己ならびに自国の実力に対して、何ら冷静な判断を下すことなくして、あのような無謀な大戦に乗り出したのでありまして、後になって考えれば、それは如何なる角度から考えても、とうてい勝ち目のある戦争ではなかったわけであります。

とくに遺憾至極なことは、その前半の段階において、隣邦中国と事をかまえて、深くその内部に侵攻し、そのために幾百万という無辜《むこ》の人民を殺傷した点でありまして、この一事は今日かえりみましても、全く許されない巨大な罪悪だったことを、深省せずにはいられないのであります。しかもそれは、中国民衆の自覚的抵抗の根づよさによって、まったく泥沼に陥ったのでありまして、敗戦の一半の因は、実にこの点に基因するといってよいでしょう。

しかも事態がかくの如くであった為に、無条件降伏と共に、占領軍の支配下に置かれるや、彼から見れば、二度と再びかかる事の起きないようにと、その禍根を断とうとする種々の占領政策が、次々に行なわれたのであります。しかも遺憾なことには、それらの多くは、実はわれわれ自身から見ても、どうもそうした改革が必要だと思われるような事柄が多かったのでありまして、まことに皮肉千万な事ながら、彼我それぞれに、その意図と立場は正逆でありながら、しかも現実政策としては、その表・裏、凹・凸が互いに契合するという、実に皮肉極まりない結果となったのであります。かくしてその後、わが国が今日に到るまでにたどった道は、多くはかようなものの延長線上だったといってよいでしょう。したがって現在までに行なわれた「第二の開国」は、「第一の開国」とは正逆に、まったく非主体的な変革だったと言ってよいのであります。

しかるに、そのように、民族的には非主体的な歩みだったものも、世界史の一単元ともいうべき、四分の一世紀を経過した現在になってみますと、さすがに近ごろでは、この点に対する反省と自覚が始まりかけた、と言ってよいかと思われるのであります。そしてその点については、最近数年間に急激に上昇した、生産力の増大に伴う物質的繁栄に伴う、無自覚な一般大衆の浮華な態度に対しても、いつまでもこれではいかぬという反省が、今や心ある人びとの心中に、澎湃《ほうはい》として興りつつあるのは、皆さん方もすでにご存じの処であります。同時にこの点については、現在われらの民族の置かれている国際情勢が、時々刻々に変化して、いよいよその厳しさを加えつつあることを思うとき、もとより当然というべきでしょう。すなわち、われらの民族は、戦後四分の一世紀を、いわば非主体的変革と、生産力の急上昇によって醸《かも》し出された「戦後文化」の美酒に酔い痴れて来たことに対して、今やようやくにして、覚醒の微光が射しそめつつあるようであります。そして新たなる眼で、周囲をながめて見るとき、自国の置かれている地位は、眼前の物的繁栄の華やかさとは正逆に、実に冷厳極まりない国際情勢の唯中に置かれているとの感慨の切実なるものがあるわけであります。

第二六講 —— 危機の自覚と民族の前途

今日も道服姿の名児耶先生には、校長先生の先導でご入場。おもむろに壇に上がられ、一礼の後、今日の題目を書かれた上で、テキストをお読みになった。

(十一) 一人一宗教観について　ガンジー

「一つの神を信じることが、あらゆる宗教の基礎である。しかし私は、この世にひとつの宗教が行なわれる時がやってくるとは思わない。神は一つであるから、理論的には一つの宗教しかあり得ないわけだが、しかし実際にはわたくしは、二人として神について全く同じ概念を持っているとは思わない。したがって、たぶん気質や風土の条件の差に応じて、さまざまな宗教がつねに存在することだろう。」

今日もまたガンジーの宗教観についてですが、ここで述べられていることも、わたくしとして全く同感至極です。わたくしも、今日までずいぶん沢山の宗教書を読んできましたが、しかしこれほど自分の考えと一致する宗教観に出逢ったのは初めてといってよいのです。それというのも、この大宇宙が唯一である以上、神も唯一でなければならぬはずです。何となれば、神は全宇宙の主宰者であって、これをその内面から支配し統一している絶大な「力」だからであります。

しかし、だからといって、世界にある諸宗教が一つになるとか、一つでなければならぬという考えには、ガンジーは賛成ではないというわけです。そしてそれは、この現実界は、その現実性のゆえに、一種の多元的世界であって、宗教もまたそうだというわけです。随って、世界の宗教が一つでなければならぬというのは、いわば理念と願望との混淆《こんこう》といってよいわけです。すなわち、本質的には一つなるものが、現実的には多様な現実の中に内在しつつ働いているわけです。

さて前回にはわたくしは、「第一の開国と第二の開国」と題して、われらの民族が、過去百年間に経験した二つの巨大な変革について、これをその内面から考察する時、それは根本的に大きく異なるものだった、ということの概略について申したのであります。実はその際わたくしとしては、これらの二大変革に対して、これを「革命」と名づけることについては、一おうさしひかえましたが、しかしある観点からすれば、これら二種の変革についても、「革命」というコトバが当たらぬわけでもないと思われます。けだし革命とは、端的には「支配的権力」の変更、ないしはその移動といってよいでしょうが、それに関する不可避な徴《ちょう》標《ひょう》としては、これまで憲法のなかったところへ新たに憲法が制定せられる場合と、いま一つは、これまでの憲法が廃棄せられて、新たな憲法が制定せられる場合とでありまして、これらが共に「革命」といえるとしたら、わが国の明治維新も、一種の「革命」といってよいわけであります。現に徳富蘇峰の旧版の「吉田松陰」は、かような立場から、「革命児松陰」という書き方をしているのであります。

また今回の敗戦に伴う巨大な変革についても、ある意味では「革命」と言いうるものであって、そうした立場からは、一種の「敗戦革命」ともいえるわけであります。しかも前者、すなわち「維新革命」は、その変革を敢行したものが、民族の主体性だった点にその特徴があるとすれば、後者は、その変革が非主体的な点に、その特徴があるといえましょう。何れにしても、われわれにとっては、民族が過去百年の間に経験した、こうした二回の巨大な変革を、別々にではなく、つねに相互に比較対照しつつ考察し検討することは、非常に意義のあることと思うのであります。

ところで、すでに前回の終わりに近い辺で申したことですが、今次敗戦に伴う変革は、その巨大なるにも拘らず、根本的には非主体的な変革だったということが、その特質といってよいでしょう。すなわち「憲法」の変革を始めとして、もろもろの重大な変革は、ほとんどすべてが、米占領軍の支配下に行なわれたのでありまして、これを明治維新の変革が、明治政府によって行なわれたもろもろの変革と対比する時、そこに見られる根本的な相違は、実に瞭然として明らかであります。

しかるに、戦後三十年の歳月が経過した今日、ふり返ってみますと、今や心ある人びとの間には、かすかながらもこの点に対して、ようやく主体的な目覚めが兆しかけたかに思われるのであります。しかも、それらは意外にも、最近数年間のわが国の工業的生産力の急上昇によってもたらされた、物的繁栄による民衆の浮華な言動に対して、さすがに、「いつまでもこれではならぬ」という反省の形態をとって、兆しつつあるということであります。

しかるに、すでに前回の終わりの辺でも申したことですが、このようにして、われらの民族の間にも心ある人々によって、その自覚が兆しそめると同時に、今やわが国の置かれている国際状勢は、非常にデリケートであると共に、また非常に厳しいものだということが、一般国民の間にも徐々に分かりかけたようでありまして、万感こもごも到るとは、けだしかくの如きをいうのかとさえ思われるのであります。では、現実にはそれは一体いかなる事をいうのでしょうか。

そもそも敗戦直後から、かなり長期間、わが国の置かれていた国際的な困難さは、これを端的にいえば、米・ソという世界の超二大国家の対立する間に介在しつつ、実質的には、ほとんど何らの防備も自由も無かったといってよいでしょう。否、このように言っても、まだ十分その真相に触れるとは言い難いのでありまして、わが国が米・ソという超二大国家の間に介在して来たということは、もとより何ら自ら好んで選びとったというわけではなくて、対米的には、いわば半独立的ともいうべき従属性の下におかれていたわけであって、厳密には介在というコトバさえ、必ずしも適当な用法ではないともいえましょう。

しかも、かような実感が切実なのは、米・ソの対立は戦後かなりな長期にわたって、いわゆる冷戦時代が続いたのでありまして、その間におけるわが国の存在が、文字通り対米一辺倒だったことは、今さらいうを要しない事柄であります。しかもわが国が、そのような対米一辺倒的な態度をとらざるを得なかったのは、㈠一方には、いわゆる「安保」即ち日米安全保障条約によって、全国各地において提供した、広大な地域に上《のぼ》る軍事基地の施設、並びにそれに対する兵員等のほかに、さらに日米間における経済関係の密接不可離な関連のためでありまして、これらの点は現在においても、根本的には大して変化はないと言ってもよいでしょう。

だが、同時にわたくしどもにとって、この際看過できないことは、米国のわが国に対する態度の変化であります。それは、最初は敗戦によって徹底的に破壊せられて、どん底に陥っていた敗戦直後から朝鮮戦争までは、わが国の経済復興に対して、米国はさまでの深い理解はなかったといってよく、唯当時の極度な食糧難だけは、事柄の性質上放置が許されず、かなりな程度に支援を受けたといってよいでしょう。しかるに、たまたま朝鮮戦争が勃発するや、米国はこの深刻な事態に対して、わが国を経済的にもある程度補強しておく必要を感じ出したのであります。同時に、それと平行して、われわれの忘れてならないことは、ちょうどその頃から、米国はわが国に対して、自衛隊を軍隊組織にすべきことを、盛んに示唆し慫慂《しょうよう》したようですが、当時首相だった吉田茂氏は、「新憲法」を逆手にとり、「新憲法」第九条の「不戦条項」をタテにとって、頑としてそれに応じなかったのであります。

しかるに、その後約十年を距《へだ》てて、ベトナム戦争が始まるや、米国はわが国の民間会社に対して、種々の軍事物資を発注したが、しかし今度は先の朝鮮戦争とは違って、有利な仕事の多くは、これを自国で賄《まか》なって、わが国への発注は、いわゆる下請け程度だったようであります。では、この事は何を物語るかというと、米国はすでにこの辺から、わが国の経済的成長に対して、ある種の警戒心を抱き始めたといってよいでしょう。

しかるに、その後しばらくして、昭和四十五年の前半ごろから、米国のわが国に対する経済的圧迫は、俄然その鋭鋒を現わして来たことは、一般に周知の事柄であります。そしてその最初のキッカケとなったのは繊維製品であり、次は電気製品であって、今やこれら以外の一般工業製品にも及びつつあるのであります。それは何故かと問うまでもなく、一方からは、米国自身がベトナム戦争によって、巨大な軍費を投入したことから生じた経済的不況の脱出策といえましょうが、同時にそれに対してわが国のほうは、ここ数年来、工業生産力の急上昇により、日米両国の経済関係は、急速に変化しかけたからでありましょう。そこで端的には、当の米国自身からいえば、わが国を敗戦のドン底からここまで育てて来たことにより、いわば飼い犬に手を噛まれたかの如き感を以って、対日感情が急激に悪化しかけたわけであります。

そこでこの調子で行けば、戦後今日まで日米間のクサビとなってきた「日米安全保障条約」さえ、次期にはたして、無条件的延長、ないしは締結がなされるか否かさえ、ある意味では保証し難いとの見方もありましょう。同時にそれは、米国自身にとっても、あの泥沼のようなベトナム戦争から、辛うじて脱出したことによって、今や米国自身も、その対アジア政策の上に、ある程度の変更を余儀なくされ出したともいえましょう。すなわちこれまでの米・中――米・ソという、それぞれの二大国間における永い冷戦的な包囲体制に対して、一種の宥和《ゆうわ》政策に踏み切ったことを考えますと、わが国をめぐる国際情勢の前途は、いよいよ端倪《たんげい》を許さぬものとなりつつあるといってよいでしょう。

さて以上長々と、日米関係を中心としつつ、わが国の前途がいかに容易でないかということについて、考えて参りましたが、しかしわたくしの意図したところは、今後わが国と米国との関係は、過去二十五年間のような、いわば一種の従属関係から、徐々に変化しつつある事態に対して、皆さん方のご注意を乞いたいからに他なりません。しかも問題は単にそれだけではなくて、米・中間の国交は、すでにニクソン前米大統領の訪中により、それまでの敵対関係から、親和関係へと激変したのでありまして、今後、米国で対アジア政策上、重大な変化の招来を告げるものといってよいでしょう。同時に、それだけに、今やわれらの民族にとって、その主体性確立への要請は、いよいよその厳しさを加えつつあるといってよく、それはまさに「天」の警告として受け取るべきだとさえいえましょう。

このように、米国がその対中国外交において、一種離れ業を演じたことが契機となって、ついに永い間懸案だった日・中国交の恢復を見たことは、とにかく慶賀に堪えないところであります。同時に、ここで日・中国交の恢復という重大問題の成立前後の経緯についても、今から考えますと、そこには幾多の考慮し反省すべき点が無かったとはいえないのでありまして、このようなことを考えるにつけても、わたくしどもは、民族の現状ならびに将来に対しては、つねに一切の先入見に囚われず、あらゆる角度から事態を冷静に考慮し、検討する必要のあることを教えられるのであります。

しかも、われらの民族にとって重大なのは、その国際関係が、以上対米・対中関係のみでなく、さらに対ソ関係も軽視し得ないということは、もとより言うを要しない事柄であります。何となれば、中・ソ両国は、共にそれぞれユーラシア大陸に、巨大な空間を占めている超二大国家であって、しかも互いに世界最長の国境線によって、直接に相対峙している関係にあるのであります。それは過去はもとより将来においても、この根本条件に変化の生じない限り——そしてそのようなことは、ほとんど永久的に考えられぬことを思いますと、わが国とこれら両国との関係は、今後といえども依然として困難であり、微妙という他ないでしょう。現にニクソン前米大統領の突然の訪中計画が発表せられるや、ソ・印両国の間に、軍事同盟ではないにしても、ある種の同盟の締結せられる動きがあったと噂された一事を考えても、これら米・中・ソという世界の超三大国家の間に介在しつつ、しかも今や米国の羈絆《きはん》から離れて、徐々に自立の方向へ歩み出さねばならぬわが国の運命は、文字通り超重大な「危機」を内包しているわけですが、しかも今日人々は、かかる民族的「危機」に対して、どの程度に憂慮し心痛しつつあるでしょうか。考えようによっては、今後わが国の歩みは、敗戦直後の四分の一世紀の間のいかなる時期よりも、より重大といってよいかと思うのであります。しかもこれは、思えばまさに当然ともいえましょう。何となれば、一個の目覚めた魂にとっては、たとえそれが個人主体にもせよ、はたまた民族主体にもせよ、つねに何らかの意味における「危機」の自覚を内包すべきだからであります。それはかの嬰児がひとり歩きを始めたということは、同時に倒れる可能性を、否、その危険性をはらむ道理と等しいともいえるからであります。しかもまた、そのような危険なくしては、前進の可能のないところに、この地上の現実界の冷厳さがあるというべきでしょう。

第二七講——世界平和への祈念

今日も道服姿の名児耶先生には、校長先生の先導でご入場になり、やがて登壇。一礼の後、今日の題目をお書きになり、つづいて次のテキストをお読みになられた。

㈢ **何人も自己の真理観を他人に強制する権利はない**　　ガンジー

「真理は万人の胸の中に存在するものであるから、それを探すには、各人がその胸の中に探し求めねばならぬ。そして自己の目に映じた真理に導きを仰ぐべきである。しかしながら、何人も自己の真理観を他人に強制する権利はない。」

今日もまた、ガンジーの宗教観の一面ですが、しかしこの辺まで来ますと、皆さん方にも、ガンジーの考え方がある程度お分かりになられることでしょう。

すなわち、真理というものは、もちろん外なる万象の上にも認められはしますが、しかしそれらを真理だと認める根本の「光」は、やはりわれわれ人間の心の内奥から射してくる絶対の光に照らされてのこと故、結局、真理はわれわれ人間の心の内奥に向かって求める他ないといわれるゆえんでしょう。

しかし大事なことは、最後の一言でありまして、それはすなわち「何人も自分の真理観を他人に強制する資格はない」という一言であります。では何故かと申しますと、それは、もしその人の真理観が真に正しいものだったとしたら、他の人々も、それに触発せられていつかは自覚し、それを認めるようになるからであります。その場合、真理の把握における各人の個性的な角度の相違は、何ら本質的な妨げとならないばかりか、むしろ問題は、その把握が正しいかどうか――すなわちそれが真に絶対の生命に触れているか否か、という点にあるというべきでしょう。

前回にはわたくしは、前々回の「第一の開国と第二の開国」における、維新革命と今回の敗戦革命との本質的な相違を踏まえながら、現在わが国の置かれている国際情勢の厳しさについて、そのあらましを瞥見《べっけん》してみた次第であります。とくに戦後わが国のたどって来た日米関係が、最近経済問題を中心として、かなり急激に変化しつつあること、並びに過去二十余年の間、いわば互いに敵視関係にあった米・中両国の急激な接近により、わが国を廻ぐる国際情勢は、今や急潮の中にある島嶼《しょ》のように、きびしい時代の潮に囲繞《いにょう》されつつあることを、否応なしに認識せしめられつつあるのであります。同時に、そこには、米・中関係以外に、いま一つの超大国であるソ連邦の存在が重大であって、わが国を廻ぐる国際関係は、じつに複雑多端、まったくその端倪《たんげい》を許さないと同時に、甚だ微妙なわけであります。すなわちそこには、米・ソの対立の他に、今一つの対立項として、中・ソ関係があるわけでありまして、しかも前者、すなわち米・ソ関係は、その核武装戦力において、その実力はほぼ伯仲の間にあるといってよく、さらに中・ソ関係に至っては、その世界的にも比類のない長大な国境線によって、相対峙しているのでありまして、このような、いわば二重に緊張した国際的関係の間に介在しているのが、わが国の国際的地位といってよいのであります。しかもわが国は、「新憲法」によって「戦争放棄」を宣言しており、いわゆる自衛隊というが如きも、これは世界的超大国の戦力の前には、文字通り鎧袖一触《がいしゅういっしょく》ともいうべく、到底比較など出来るものではなく、せいぜい内乱防止の役目を演じている程度に過ぎないのであります。

このように、わが国を廻ぐる国際情勢の一端を垣間見るだけでも、われわれ日本国民は、今や心から国際平和を希求せずにはいられないのであります。最近世界の一部には、わが国が再軍備しつつあるとの見方をしている向きもあるようですが、これはわれわれ日本国民としては、実に遺憾極まりないことであります。わたくし時々思うのですが、現在われわれ日本国民ほど、戦争に対して深い嫌悪感を抱いている国民は、おそらく他にはなかろうかと思うのであります。ということは、同時にまた、現在もっとも強く世界平和を希求しているのは、おそらくは、われわれ日本国民ではあるまいかと思うのでありますます。しかも遺憾なことには、そのような、人類の平和に対するわれわれの深い希求の念が、果たしてどこまで、他の国々によって理解せられているのでしょうか。

そもそもわれわれ日本人が、戦争に対して、このような深い嫌悪感を抱くようになったのは、必ずしも故なきわけではないと思うのであります。それというのも、戦前われわれは、西洋諸国民の一部からは、いわゆる「好戦国民」であるかに誤解せられたこともありましたが、しかもそれは、主として戦前にわが軍隊が勇敢だった為に生じた、一種の誤解だったと思うのであります。なるほどわが国は、明治維新以後、日清・日露の二大戦争を経験してはいますが、しかしそれは、当時わが国の置かれていた国際情勢からして、真に止むを得なかったのでありまして、それ以後満州事変の起こるまで、ほぼ三十年に近い間、わが国はほとんど戦争らしいものはしていないのでありまして、その事が逆に旧軍閥を根本的に弛緩《しかん》せしめ、そこからして大東亜戦というような、あらゆる点において、彼我の実力を無視した無謀な戦争に突入せしめた原因になったことについては、すでに前に申したことがあるわけであります。

かくして、われわれ日本国民が、今や戦争に対して、徹底的な嫌悪感を抱くようになった事については、それだけの深い原因があるわけであります。その一つは、改めていうまでもなく、かの大東亜戦が無条件降伏によって、その局を結んだということでありましょう。それというのも、それまでわれわれは、遠き日清・日露の両戦役において戦勝し――もっとも日露戦においては、実質上は辛勝だったにも拘らず――戦勝の悪夢をいつまでも夢見つづけて、いわゆる「皇軍」の無敵を誇称して来たのであります。そしてその一つは、例えば大東亜戦において使用した小銃は、米・ソ共に優秀な自動小銃だったのに対して、わが軍の使用したのは、遠く三十年前に使われた、いわゆる三八式歩兵銃だったことによっても、その一端は伺われるのであります。

かくしてわれわれ日本国民は、旧軍閥の描いていた虚しい幻影によって、広い大東亜の全域にわたって悲惨極まりない戦いを闘ったのでありまして、しかもその最後が、超武器ともいうべき原子爆弾によって終結せしめられたことは、われわれ日本国民の心中ふかく刻印せられて、心の奥底から戦争嫌悪の国民としたのでありまして、それをうら返せば、今や徹底的な世界平和への希求の念を抱かしめるのに到ったのであります。

そもそも今次の敗戦が、あのように原爆によってその局が結ばれたということが、われわれ日本国民に与えたその深刻な影響については、おそらく世界の諸国民には、とうてい解しえない処だろうと思うのであります。それというのもわれわれは、今や人類に対して永遠なる戦争放棄が、神により宣言せられたかの如き感慨をもって、かの広島及び長崎における原爆の洗礼を受けとっているのであります。随って、その後間もなく発布せられた「新憲法」における「戦争放棄」の条項についても、実質的にはほとんど占領軍側の強制に近いものだったにも拘らず、それをほとんど「神意」として承受することができたのであります。そしてそれは、上に申すように、原爆という超武器の出現そのものが、やがてわれわれ人類に対する神の戦争放棄の至上命令としての意味をもつからであります。

しかしそれにしても、一人の人間を殺すことすら最大の罪悪として、古来何れの国においても考えられて来たのに、幾百万人という無量の人命の殺傷が、しかも国家の命令によって為されながら、それが毫《ごう》も怪しまれないできたという事実は、思えば実に奇怪千万な事柄であります。しかも、このようにお話しつつある現在のこの瞬間においてさえ、われわれ日本人以外は、今尚この迷妄より脱し得ないでいるといってよいのではないでしょうか。何となれば、われわれ以外の国々の憲法は、いまだ「戦争放棄」の条項をもたず、いつ徴兵の命令書が届けられるか知れないという状況下にあるからであります。

かくして「戦争」こそは、今やこの地上における最大の「怪物」であり、もっとも巨大な人類の「罪悪」というべきでありましょう。しかもこの巨大なる「超罪悪」は、単なる虚妄のイリュージョンではなくて、ひとたびその発動が開始されれば、たちまちにして、幾千万という無量多の人命が、一瞬にして「死の国」へ追いやられる超巨大な罪悪であり、超犯罪なのであります。しかも、それが絶滅できないとは、そもそも何故でしょうか。わが国の広島及び長崎に投下せられたものと比べれば、ほとんど比較を絶するといわれる、水爆の超破壊力と殺傷力を知悉《ちしつ》していながら、何ゆえ人類の知性は、これが廃棄と、戦争の絶滅とを宣言しないのでしょうか。われわれは、この一事によっても、人類の「理性」と称するものが、如何に果《は》かないものかということを、改めて痛省せしめられずにはいられないのであります。

それにつけても思われるのは、このようにまさに「現代の悪魔」ともいうべき「原爆」を生み出したのも人類の知性であれば、またそれのもたらす惨害が如何に深大であるかを知悉しているのも、外ならぬ人間の知性でありながら、何ゆえ人類の知性は、その使用の徹底廃棄を宣し得ないのでしょうか。そこにわたくしは、人間的知性の内包している深い矛盾を、今さらのように痛感せしめられるのであります。

同時に、問題をここまで突きつめることによって、明らかにせられてきた問題は、原爆の恐るべき惨事については、何人もこれを知悉していながら、しかもそれが、ひとたび国家という巨大集団の意志と結合する時、その惨害への知性の感度が急激に低下せしめられるという深刻な事象であって、これに対してわれわれは、一体如何に考えたらよいでしょうか。人類は今やこの点に対して、徹底的に取り組まねばならぬ段階に到達したと思うのであります。すなわち個人としては、一人の人間を殺すことさえ最大の罪悪たることを知悉していながら、それがひとたび戦争という巨大な殺戮《さつりく》になると、その罪悪感の感度が一瞬にして低下し稀薄化するという事象こそ、まさに現代の「悪魔」の行使する最大の「妖術」といってもよいでしょう。しかも人類の知性が、このような「現代の魔術」に対しては、何らの威力をも発揮しえないというその無力性を、われわれは一体どのように解したらよいのでしょうか。

わたくしの考えでは、世界平和への希求と祈念とは、このようにわれわれの周囲を十重二十重に囲繞《いにょう》している、かかる「現代の魔法」の実体に対して、いかなる知性がこれを透視し、その暗黒を照破しうるかということを、改めて問題とすべきでありましょう。随ってそれは、これまで普通に「知性」の名によって呼ばれて来たものとは、ある意味では根本的にその次元を異にする高次の知性たることが要請せられるというべきでしょう。同時にそれはまた、一切の集団の中に内包せられている、いわゆる「集団悪」と名づけるべきものの形相と構造とを、冷厳に分析し照破することによって、徐々にそれらを、解体にまでもたらすものでなくてはならぬでしょう。かくしてわたくしには、真の世界平和への希求と祈念とは、このような「集団悪」とか「組織悪」、さらには「国家悪」そのものの、内的構造を照らし出すような高次の知性を、人類が身につける他ないと思われるのであります。そしてそのような新たなる知性は、人類のパトス、とくに人間が個人から集団に転じた際に働く根深いパトスの闇《やみ》を照破するような、高次の英知でなくてはなるまいと思うのであります。そしてそれはまた、いわゆる派閥とか学閥などを始めとして、一切の人間集団における「組織悪」に対して、それを内面から照破し解体せしめる処に、その存在意義があるのであって、そうした点からは、最大の組織体たる国家に内在する、いわゆる

「国家悪」に対して、その内的浄化を敢行することによって、初めて真の世界平和の招来は可能だといえましょう。

第二八講――国家悪の問題

今日も道服姿の名児耶先生は、校長先生の先導でご入室になり、やがて登壇。一礼の後、今日の題目を書かれ、次のようなテキストを朗読せられた。

㈢ **私には真理とアヒンサーの政策しかない**

ガンジー

「私は〝聖者を装った政治家〟ではない。真理は最高の英知なので、私の行為がときどき、最高の政治手腕と一致するように見えるだけなのだ。私には、真理とアヒンサー（博愛）の政策しかない。私は母国の解放や宗教のためにさえ、真理とアヒンサーを犠牲にはしないだろう。それは換言すれば、両者ともそのために引き渡せるものではないということだ。」

今日のところも、ガンジーの宗教的信念の深さをよく示すものといってよいでしょう。つまり最初の一言は、ガンジーは本質的には政治家ではなくて、真実の宗教に生きた人だということでありましす。随ってガンジーが「政治家」らしく見えることがあるのは、かれの真理による英知の光が、最高の政治的手腕と一致する場合だというわけです。

随ってガンジーには、真理とアヒンサー（博愛）の政治しかないのであって、彼としては、たとえ祖国の解放や宗教のためだといっても、真理に背いてまでそれを求めることはできず、またアヒンサーを犠牲にして、それをするわけにはゆかないというのでありまして、まことに彼の信念の深さのほどの伺われるコトバですね。

前回わたくしは「世界平和への祈念」と題して、世界平和についてお話したわけですが、実際、今日われわれ日本人ほど、この問題に対して真剣に希求している国民は、おそらく他には無いのではないかと思うのであります。しかしながら、それが果たして如何ほど世界の他の国々の人に分かってもらえているのでしょうか。この点については、私は心中つねに気になっているのであります。では戦前、ある種の西洋人から「好戦国民」とまでいわれてきたわれわれが、敗戦を境にして、どうしてそのように徹底した平和希求の国民になったかというに、それには戦前「無敵皇軍」とまで自負していた自国の軍隊が、大敗の極、ついに無条件降伏を余儀なくされるに至ったという、一種の極限的破滅を経験したことが、一つの重大な契機となっているといってよいでしょう。それはいわば、民族主体における一種の「回心」ともいうべきものを、体験したからだともいえましょう。すなわち今や戦争というもののもつ、その悲惨と空しさとを、一億の国民が骨身に徹して体認したからであります。そのうえ、万が一にも次の戦争が起こったとしたら、それは文字通り全人類の絶滅という、史上空前の悲劇によって、その止《とど》めが刺されるにおいておやであります。かくしてわが国の敗戦は、このような意味からは、正しく「現代の神曲」の一コマだったといってよいでしょう。

随って、「世界平和への希求」という点では、われわれ日本人は、今や世界におけるどの国民よりも、切実な祈念を抱いているわけですが、それにも拘らず、真の世界平和の実現には、今後なお幾多の障碍が横たわっていることを、忘れてはなるまいと思うのであります。けだしスピノザの言うように、この地上にあっては、真に価値あるものは、これを実現することもまた、それに応じて至難というべきだからであります。

そして、そのような困難さの一つとして――恐らくはその最大にして、かつ最深なものといってよいかと思いますが――わたくしは「人間集団」というものが、その内部に蔵している一種の「組織悪」ともいうべきもののあることを、明らかにしたいのでありまして、おそらくはここに、今後人類の取り組むべき最難の問題があるといってよいかと思われます。では、わたくしのいわゆる「集団悪」ないし「組織悪」というものは、一体如何なるものかと申しますと、人間というものは、ひとたび集団となりますと、個人としては到底しなかったような悪事を、平気で犯すようになるということでありまして、その最大の実例こそ、すなわち「戦争」なのであります。それというのも、われわれ人間は、一人の人間を殺すことを以って、古来最大の罪悪と考えてきたのに、ひとたび戦争ということになりますと、沢山の人間を殺した者ほど、国のために尽くしたということになり、以前の戦争では、そういう人間には勲章や年金までも与えられたのであります。そして現在のこの時点においても、わが国以外の国々では、おそらくは皆そうだといってよいでしょう。

では、それは何故かと申しますと、結局一つの集団ができ上がりますと、何よりもそれを維持し存続させることが、至上善と考えられるからであります。そしてその場合、個人としては悪とせられ、禁じられているような事柄でも、もしその集団の存続のために必要だとあれば、それは「善」として肯定せられるわけであります。そして現在そのような集団の最大なるものこそ、すなわち「国家」と呼ばれるものなのであります。ですから戦前のわたくしたちは、国家のすることはすべてが「善」だと考えて、それに対して何らの疑念も抱かなかったのであります。ところが第二次世界大戦を境として、今や人類そのものが、徐々にそのような単純な考えに留まるわけにゆかない段階に、さしかかりつつあるといえましょう。

しかしながら、現在わたくしがこのように申している瞬間においても、世界には、まだ戦前のわたくしたちのように、国家のする事ならすべてが「善」だという考えを持っている国民が、非常に多いといってよいでしょう。同時に、そうした考えの人びとの多いかぎり、真の「世界平和」とか「人類の幸福」というものは、断じてあり得ないといってよいでしょう。随って「世界平和」とか「人類の幸福」という事柄も、結局は、全世界の人びとの考え方いかんの問題といってよいのであります。

だが、それにも拘らずここで問題なのは、先にも申したことですが、人間は個人としては、「罪悪」だと考えているような事柄でも、ひとたび集団の一員となると考え方が違ってくるのであります。そして「国家集団」の場合には、それが特に顕著になるのであります。そしてそれは、いわゆる自由主義国であろうと、はたまた共産主義国であろうと、根本的には何ら相違はないといってよいでしょう。何となれば、現状においては、世界のいずれの共産主義国も、その標榜する処のいかんに拘らず、いずれも自国本位の立場で行動している点では、何ら相違がないからであります。それゆえ、今かりに一人の人間が、単に一個人という立場だったら、人を殺すということは、よほど凶暴な人間でないかぎりいたしませんが、その同じ人間が、国民の一人として戦場にのぞめば、多くの人間を殺すほうが、むしろ国家から表彰せられるのでありまして、その点では、前にも申すように、それが自由主義国であろうと、はたまた共産主義国であろうと、そこには何らの違いもないわけであります。いわんや、それが軍の首脳部だったり、あるいは政府の高官の場合には、平気でそういう事を計画し、さらにはその実施を強制するわけであります。

このように考えて参りますと、今や問題は「国家」という、この地上における最大の人間集団が問題だということになるわけであります。では、何ゆえ国家という人間集団は、このように一種の罪悪性を内に包蔵しているのでしょうか。これは人類にとっては、今や最大にしてかつ最深の難問といってよいと思うのであります。では、何ゆえわたくしは国家というものを、このように、人類における最大にしてかつ最深の難問だというのでしょうか。それというのも、現在のところでは、国家以上にその団結の強固な人間集団は、他には無いからであります。すなわちその規模の大きさ、並びにその根深さにおいて、国家以上の人間集団は、他には存在しないからであります。

では一歩すすめて、国家の罪悪性、すなわちこれをつづめて「国家悪」というものは、何ゆえ存在するのでしょうか。それは前にも一言したように、端的に申せば、結局、集団としての自己保存の本能的希求に発するというべきではないでしょうか。同時にそれだけに、その根ざしもまた深いわけであります。そしてその点をさらに突きつめて考えますと、国家という人間集団の場合には、国家自身の自己保存のために命じられてする事柄は――たとえそれが殺人というような罪悪であっても――ひとり「悪」とせられないばかりか、逆に「善」とせられるのでありまして、それは戦争という場合をとって考えれば、何人にも明らかなはずであります。そしてこのような人間存在のもつ最深の矛盾のゆえに、二十世紀の後半の今日なお、自国の軍隊を持っている世界の国々は、一つの例外もなく、それが公然と肯定せられているわけであります。

では、国家という人間集団の場合には、何故こうした背理が行なわれているのでしょうか。それは人類の現段階にあっては、いずれの国籍にも属さない個人というものは、自己の生命財産の安全がほとんど保証しえないからであります。随っていま極言すれば、人々は平生の日において、その生命と財産とを保証してもらっている代償として、一たん非常の際には、戦場に出ることをも敢えて辞せないというわけでしょう。少なくとも、敗戦に至るまでのわれわれの心事はそうでしたし、また現在でも正式な軍隊をもち、そしてわが国のように、「不戦憲法」を持たない世界の国々の国民の心理は、ほぼこのようだと考えてよいでしょう。何となれば、如何なる国の国民といえども、戦争に行って自己の生命を失うことは欲しないことであり、またかりに、自分は生命は失わなかったとしても、相手の生命を奪うことも、決して快いことではないはずだからであります。だが、それにも拘らず、一たん国家が戦争を開始したとなりますと、国民のすべては、その個人的意志のいかんに拘らず、ひとたび召集令状がくれば、一部特殊の例外者がこれを拒否する以外は、すべてこれに従うのでありまして、少なくともこの点においては、自由主義国家群も共産主義国家群も、根本的には何らの差もないと言ってよいでしょう。否、兵役拒否に対する懲罰は、たぶん後者のほうがより厳しいといってよいでしょう。

このように考えてきますと、わたくしたちは、今や人間集団としての「国家」が、その内部というか根底に、一種の深い罪悪性を包蔵していることが明らかになったわけですが、しかしそれにも拘らず、その内包している罪悪性をいかにして超克するかということになりますと、事は決して容易でないことを、改めて深思せしめられるのであります。少なくともそれは、単に「国家悪」という概念の受け売り的な解説などで解決する程度の、安易な問題では絶対にないといってよいでしょう。そしてそれは、前にも申すように、結局、われわれ人間の自己保存の本能に、その最終的な根ざしを持っているからであります。すなわちそれは、いま戯《たわむ》れにいうとすれば、「国家」というものは、人間各自がその自己保存に対する最大最深の相互契約者たちの集団ともいえましょうが、しかもそれが他の種類の団体――たとえば財産における信託会社など――と異なる点は、それらの団体のような任意団体ではなく、一種の強制的な団体であり――この点はたとえば、国籍一つをとって見ても分かることですが――しかもそれは、われわれの出生以前から存在しているのであって、われわれ人間は、この地上的生をうけるや否や、直ちにそれに強制的に参加せしめられるのでありまして、その際万一出生の届出を怠れば、たちまち処罰せられるのであります。だが、このような強制の反面には、それは直ちに一種の特典――それは生命・財産の保護という――を伴っているために、いずれの国においても国籍の取得は、必ずしも容易でないゆえんであります。

さて、このように考えて参りますと、人間集団の一種としての国家集団というものは、考えれば考えるほど、複雑にしてかつ多岐多様な点では、まさに現代における「最大の怪物」ともいうべきものでありまして、それは単に「国家悪」という程度の概念によって、容易に解体し退散するものではないのであります。

しかしながら、眼をひるがえして大観すれば、原爆の出現と同時に、人類は戦争を放棄すべきだったわけで——全世界でそれを実行したのは、ひとりわが国だけであり、爾来《じらい》四分の一世紀の歳月が流れても、百以上を数える世界の国々のうち、我われに倣《なら》った国はまだ一つもないということは、この際われわれの改めて深思し、深省すべき事柄かと思うのであります。さらに同様の感を最近深めたのは、米・ソによる月世界探険の挙でありましょう。初めて月面の地表に降り立った人々の感慨として伝えられたものは、ご存じのように、この地球は一面に青色に見える一つの美しい球体だったとのことですが、その際その飛行士のそれに対する感慨はどうだったかということこそ、わたくしとしては知りたかったのであります。何となれば、そうした美しい天体の表面上で、今何が一たい用意し蓄積せられつつあるかこそが最大の問題なわけで、それは申すまでもなく、原子爆弾だということは、改めて申すまでもありません。だがさらに考えるべきは、このようにして、月面にまで到達するために用いられた科学の偉大な力と、原爆を作製したそれとは、根本的には全く同一性格のものだということであります。しかもそれは、その美しい青色の天体の表面を一瞬にして破壊し、廃墟として荒廃に帰せしめうる力だということを深省いたしますと、あの初めて月面に降り立った飛行士の、最初の感想として発言して欲しかったのは、あの天空に浮かんでいる美しい青色の天体の表面に、今なお「国境」という人為的な境界線があり、しかもそれが武力によって守られている不条理と矛盾について、どうして彼ら宇宙飛行士たちは、全世界の人々に語りかけ、訴えなかったのでしょうか。それというのも、こうした宇宙的観点に立つ以外に、国家という現代「最大の怪物」の呪縛から脱する途はないからであります。まことに千載一遇の好機を逸したわけでありまして、全人類のために、これほど遺憾極まりないことはないのであります。

第二九講――国家「我」の超克

道服姿の名児耶先生は、今日も校長先生の先導でご入場になり、やがて登壇。一礼の後、今日の題目を書かれ、次のテキストを朗読された。

(十四) **殉教を欲しはしないが義務の遂行であれば栄誉として受ける。**

ガンジー

「私はみじめな機能麻痺で、敗者として死にたくはない。だが、暗殺者の弾丸が、私の息の根を止めるかも知れない。そうとなれば歓迎しようが、やっぱり最後の最後まで、自分の務めを果たした上で消え去りたいと思う。

私は殉教しようと、うずうずしているわけでは決してないが、しかし自分の信仰を守る上で、至上の義務と考えることを実践する過程で、そうなるのであれば、殉教の栄誉を受けよう。」

これは「自伝」の中に出てくるコトバですが、ガンジーの宗教的信念を端的に伺いうるものとして、ここに選んでみた次第です。

大よその意味は、わたくしなどが下手に説明しなくても、皆さん方にはお分かりだと思います。ガンジーは、長生きした為にもうろくして死ぬよりも、弾丸にあたって斃《たお》れる方が、むしろましであると考えていたようであります。だが、何よりも大事な点は、死の一瞬前まで自分の務めを果たした上で、息を引きとりたいと考えていたことでしょう。

同時にまた彼は、自分はなにも殉教者になりたいなどと考えているわけではないが、しかし自分の義務を遂行する途上で、止むをえず遭遇するなら、「殉教」の栄誉もけっして避けようとは思わない――といっているのであります。しかも結果の上から見ますと、結局その通りになったのであります。

すなわち、ガンジーの多年の宿題だった祖国インドの独立は、一九四六年八月一日、彼の七十七歳の年に、ついに達成せられましたが、その翌々年の一月三十日に、かれはデリーにおいて、一人の狂信的な青年の凶弾によって、その苦悩多かりし七十九年の地上の生に、終わりを告げたのでありまず。しかも彼の最後のコトバは、「その青年を許せ」と言ったと伝えられているのであります。

前回にはわたくしは、いわゆる「国家悪」の問題をとり上げましたが、しかしこの問題は、皆さん方にしても、考えれば考えるほど、予想外に困難な問題だということが、お分かりになったかと思います。そして人類が、今やこの地上において真に処理しなければならないのは、「原爆」よりも、むしろこの「国家悪」の問題だといってよかろうかとさえ思うのであります。何となれば、「原爆」の問題が、いかに重大だからといっても、それをその背後から操っているのは、実はこの「国家」という巨大な「超怪物」だからであります。

わたくしは前回において、すでにこの国家というものを、現代における最大の「怪物」であり、否「超怪物」だと申しましたが、それは今や、国家がわれわれ人類にとって、最大の、そして最後の難物だという意味でありまして、国家自体は、人類の歴史上比較的初期の時代に生まれたもの故、それだけにその歴史は長いわけであります。しかしながら、国家が一種の罪悪性を包蔵しているという考え方は、マルクスの出現するまでは、ほとんど何人もこれに気づかなかったのであります。しかるに、そうしたマルクス・レーニン主義の立場に立つと称している、いわゆる共産主義国家自身も、多少の趣の相違はあるにもせよ、それが現実の国家体制である以上、それらもまたその特有な権力国家たる点においては、資本主義国家群と、何ら異なるところはないのであります。同時に、こうした点から考えてみても、国家というものは、どこかわれわれ人間の思議を絶した点をもつところの「現代における地上巨大な怪物」という他ないと思うのであります。

そもそもこの国家というものが、如何に至難な存在かという点については、すでに前回において種々の観点から、かなり詳細かつ具体的に、お話したわけですが、今それらを要約して、そもそも国家において一番問題となる点は何かといえば、わたくしはやはり「国家我」ともいうべきかと思うのであります。では一歩を進めて、そのいう処の「国家我」とは、一たい如何なるものかというに、それは他のコトバで申せば「国家主体における自己中心主義」、すなわち端的には「自国中心主義」だといってよいでしょう。ただその場合われわれ日本人には、「自国中心主義」というよりも「国家我」という方が、よりハッキリするかと思うのであります。それというのも、「自国中心主義」というコトバは、いわば説明の便宜上選ばれたコトバに過ぎないのでありまして、もしそれが単なる主義や主張という程度のものでしたら、これを採択するもしないも自由なわけですが、現実としては、絶対にそのような安易なものではないのでありまして、それは前回にも申したように、いわば国民の一人一人の肉体に根を下ろしている、最も根ぶかい一種の原初本能といってよいでしょう。随ってそれは、取捨の自由な主義とか主張などという観念的なものでは断じてなく、それぞれの国民が遠い祖先から、親から子へ、子から孫へと、相伝えてきた伝承によって貫かれ、かつ支持せられている巨大な人間集団なのであります。同時にそうした意味からは、これほど強固にしてかつ永続的な人間集団は、他には見られぬといってよいでしょう。同時にその点からして、実はそれ自身の内面に根深い罪悪性を包蔵しているなどということは、長い人類の歴史の上でも、最近まで問題にならなかったわけであります。

しかるに、今ようやくにしてこの点が、人びとの前面にクローズアップせられ出したわけですが、しかしそれが深刻に問題となり出したのは、思想の上からというよりも、他ならぬ「原爆」の出現と、その処理を廻ってでありまして、この点とくに注意を要する点といってよいでしょう。それというのも、この「現代の超悪魔」ともいうべき「原爆」を初めて作ったのは、ご承知のように、資本主義国の一つであるアメリカでしたが、やがてそれに続いて原爆をつくったのは、他ならぬ共産主義国のソ連邦でありまして、そこにはそれらの国々の政治理念の相違などは、何ら問題ではないのであります。かくして、そこに共通項として見られるものは、結局それらの両国の根底にある「国家我」なわけであります。しかも、わたくしのこのような見解を支えるものとして、われわれは米・ソ両国に続いて、「自分らも原爆を——」と、各国が相ついでこの「現代の超悪魔」の産出に夢中になったという事実が、一そう明らかにこれを実証していると言ってよいでしょう。しかもそれらの国々は、最初米・ソ両国がつくった際には非難しておきながら、やがて口実にもならぬ口実を設けて、自己弁護をしながら作っているのであります。しかもこの場合にも、そこには資本主義国であるからとか、共産主義国だからなどという区別は、少しも見られないのであります。かくして皆さん方は、これらもろもろの事実の根底に働いているものは、何れもひとしく、「国家我」に他ならないことが、お分かりになりましょう。

さて、問題をこの地点まで追求することによって、つぎに当然問題となるのは、ではこのように根深い「国家我」に対して、われわれ人類は、一たいどのように対処したらよいかという問題ですが、卒直に申してわたくし自身にも、「それには、こうしたらよかろう」というような、明白な対策は見つけ得ないというのが、現在のわたくしの正直な告白であります。否、そればかりか、おそらくこの点に対して、明白な対策を提示しうる人は、ほとんど絶無といってよいのではないでしょうか。たとえば、トインビーのような碩学《せきがく》でも、その近業「未来を生きる」は、かれの一代の名著の一つともいえましょうが、少なくともそうした観点から見る時、十分な対策が示されているとは思えないのであります。しかもその責めは、トインビーこの人にはなくて、実に国家という「現代の怪物」自身に属している事柄といってよいでしょう。

ついでながら、国家が「現代の超怪物」だということが、わたくしに分かりかけたのは、やはり戦後のことでありまして、戦前は、国家こそはこの地上における至高存在と考えていたのであります。そしてそれには、わが国の歴史の他に、ヘーゲル哲学の影響のあったことも事実であります。否、原爆の洗礼をうけていない日本以外の国々の人は、今なお国家というものは、原爆という悪魔をかかえている「現代最大の超怪物」だということさえ、まだ十分には気づかない人が多いといってよさそうであります。またそれ故にこそ、それらの国の人々の多くは、かつての日のわたくしたちのように、今日なお「国家のために――」といって死ぬことができるのでありまして、もし国家という存在が、「現代の悪魔」ともいうべき「原爆」を抱いて、その放棄をためらっている「現代最大の怪物」だということが真に分かったとしたら、恐らくは何人もそのような怪物のために、生命を捨てるものは無いはずであります。

かくして、今やわたくしどもに言い得ることは、何とかして、この現代の最大の「怪物」に対して鉄の輪をはめ、その傍若無人な行動に対して、ある種の抑止策を講ずることでありましょう。では、わたくしがここで「鉄の輪」というのは、一たい如何なるものを意味するかというと、それは現実には、「国家主権の相対化」ということに他ならないのであります。すなわちそれによって、現在国家のしているような無軌道な行動に対して、ある程度の拘束をする他ないと考えるわけであります。

しかしながら、このような主張に対しては直ぐに、「では、それを一体どのようにして実施するつもりか」という質問の矢が、はね返ってくるに相違ないのであります。そしてそれは、かのネズミたちが、ネコの被害に困りはてて、どうしたらそれを防げるだろうかと、各自がその脳漿《のうしょう》をしぼったあげくのはて到達したのが、ご承知のように、「ネコの首に鈴をつけるがよい。そうすれば、それによってネコの襲来がわかるから、みんな逃げたり隠れたりしたらよかろう」というわけです。ところが、最後に一匹のネズミが起ち上がっていうには、「でも、誰が一体ネコに鈴をつけにゆくのか」と発言したところ、それに対しては、どのネズミも口を閉じて答えなかったという寓話は、皆さん方もこれまで幾度か聞かされたことでしょうが、今わたくしの申した「国家主権の相対化」という提案も、ある意味では、これと似たところがあるともいえましょう。

しかしながら、この際わたくしとして申したいことは、ネズミと人間とは違うということであります。その上に、かりにネズミがネコの首に鈴をつけるとしても、その際すべてのネズミが働くというわけにはまいりませんが、しかし今や人類のこの点に対する自覚が深まってくれば、わたくしの申した「国家主権の相対化」という問題も、今や単なる「夢」ではないと思うのであります。しかし注意を要する点は、この場合においてさえ、なおかつ国家という「怪物」の存在は、決して無視し得ないということでありますす。ということは、いずれそうした力の発現は、「国際連合」を通して行なわれる他ないでしょうが、その議席の背後にあるものは、やはりそれぞれの国家・国民だからであります。

だが、われわれは、今やその故を以って絶望すべきではないでしょう。否、そればかりでなく、今やわれわれは、そのような「国家主権の相対化」の現実的実現の一端として、「国境線」の相対化から主張しなくてはなるまいと思うのであります。そして実際には、むしろこのほうが容易というべきかも知れません。何となれば、今やわれわれは、ヨーロッパ諸国において、ある程度その実現を見ようとしているともいえるからであります。現在残されているのは、通貨の共通化という問題であって、これだけは、さすがにまだ多少遅れるようですが、その他の点では――少なくとも経済面においては――そのかみ国境線のもっていたその高さと厳しさは、最近のヨーロッパ連合の主張によって、なるほどそれは、未だその実現を見るまでに到っていないのは申すまでもありませんが、しかしこうした主張そのもののもつ威力については、われわれは改めてその認識を要すると思うのであります。

しかしながら、以上述べたヨーロッパ諸国のこのような傾向も、実はその背後の深刻な現実、すなわち経済面からの現実的要請に迫られているからであります。同時に、このように考えて来ますと、わたくしが上に申した「国家主権の相対化」並びに「国境線の低化」なども、今やそれを不可避とする時代の潮は、しだいに高まりつつあるように思われるのでありまして、それは決して単なる一場の夢どころではなくて、近い将来には、どうしてもある程度実現しないわけにはゆかないといえましょう。それというのも、結局、今や人類そのものが、いわば「宇宙時代」にその一歩をふみ入れつつあるという、時代の不可避な要請というべきだからでありましょう。では最後に、何を指して「宇宙時代」というのでしょうか。そしてそれこそは、われわれ人間が初めて月の地平にその足跡を印することにより、われわれの住んでいるこの地球自身をふりかえり客観視して、「地球は青かった」との印象を得たという事実を意味するのであります。

第三〇講――厳たり宇宙の大法!!

今日も道服姿の名児耶先生には、校長先生の先導でご入場になり、やがて登壇。一礼の後、今日のテーマを書かれ、そしてテキストをお読みになった。

㈤ **私は二度と生まれたくないが、やむを得ぬとあれば、不可触階層の一人として生まれ替わりたい**

ガンジー

「私の死後には、だれひとり完全に私の代理を勤めることの出来る人はいませんが、私のほんの一部は、あなた方の多くの胸の中に生き続けることでしょう。一人一人が大義を先頭に、自分(我欲)を最後にするならば、空虚さはかなり満たされることでしょう。

私は二度と生まれたくはないが、もしやむを得ぬとあれば、不可触階層の人々の悲しみや苦悩、またかれらに加えられる侮蔑を分かち合い、自分と不可触階層の人々とを、その惨めな境遇から救い出すように努めるために、不可触階層の一人として生まれ変わりたい。」

過去一年間に及んだわたくしのこの講話も、今日を最後として終わると共に、わたくしのこのつたないガンジーのご紹介もおわるわけであります。それ故、どういうコトバで終結にしようかと考えた末、「自伝」の最後にあるこのコトバを以って了えることにいたしました。

ここには、大別して、二つの事柄が述べられてあるようです。すなわち前半には、自分の死後、完全に自分の代理を勤める人間はないが、しかし自分の志をついで生きる人々の心の中に、自分は部分的には生き続けるだろうということがその一つです。

そして今一つは、自分は二度とこの世に生まれ出たいとは思わないが、しかしどうしても止むを得ぬとあれば、自分はインドの社会的階級の上で、最下の階層とせられている「不可触階層」の一人として生まれたい。そしてそれらの人々と、その苦悩や悲しみを共にしながら、これらの人々を、そうした境遇から救済するように努めたい——といっているのでありまして、これこそ実に、この人類の偉大なる魂の、最後の「遺言」というに真に相応しい言葉と思うのであります。

さて前回には、前々回に引きつづき、「国家」の問題について考えてみたわけですが、その際、中心になった点は何かといえば、それは今後われわれは、「国家」というものに対して、いつまでもこれまでのように絶対視しないで、その内包している「自国中心主義」から生じつつあるその罪悪性を徹見しなければならぬということでした。しかもそのような「国家」の罪悪性の最も端的な現われは、ほとんどの国家が現在なお軍隊を持っていて、戦争への意志を放棄していないばかりか、強大国の中には、自ら「現代の悪魔」ともいうべき原子爆弾をつくり出し、それを固くかかえ込んで、今なお放さずにいるという一事によっても明白でしょう。

それ故われわれは、今や人類の一員として、このような国家の現状に対処するには、さしあたり、何らかの程度における「主権の相対化」を要すると共に、その具体的な実現の一部として、とりあえず「国境の低化」が実現されねばならぬでしょう。少なくともそうした方向に、今後人類は向かって行かなければならぬというのが、前回お話した骨子だったのであります。しかもこれは、わたくしから考えれば、結局時間の問題でありまして、必ずや近き将来において、人類の歩み入る他ない世界だといえましょう。同時に人類を、今や有無をいわさずにこの方向にむかって追いつめているのは、結局は超武器ともいうべき「原爆」の出現によるわけであります。随って、このように考えて来るとき、わたくしは今さらのように「宇宙的真理」すなわち、またかの「宇宙の大法」の偉大さに対して、改めて首を垂れざるを得ないのであります。

唯今わたくしは、図らずも「宇宙の大法」というコトバを使いましたが、わたくしは、この大宇宙には、いわば「宇宙の大法」ともいうべきものの行なわれていることを確信する者であります。それは必ずしも眼に見えるものとは言えないですが、では全然見えないかといえば、またそうとも言えないと思うのであります。こう申すと皆さん方は、「宇宙の大法などといっても、何とあいまいなものか」と思われるでしょうが、実はそうではないのでありまして、見えるといえば、心ある人びとにはこの天地の間に歴々として、まがうことなく見えるわけですが、同時に心なき人びとには、たとえ眼前にそれが働いていようとも、そうと思えないのであります。否、このような「宇宙の大法」に背いたがために、苦しみ悩んでいてさえ、自らそうとは気づかないというのが、この「宇宙の大法」というものであります。

教育が学校における一斉教授になってから、人々は真理というものは、教科書に書いてあったり、あるいは講義などによって教えられるものと考えるようになりましたが、これは実は真理観における一種の近代的堕落といってよいのでありまして、真に生きた真理というものは、古来「黙識心通」といわれるように、躬《み》を以って体解し体得するものだと、古人は考えていたのであります。それゆえ孔子にしても釈迦にしても、はたまたキリストやソクラテスにしても、いわゆる著述というものは無いのでありまして、それは結局、意図して自ら書かなかったのであります。ということは、これらは人類の永遠の聖哲ともいうべき人々は、単なる紙上に書かれたものの空しさを、熟知していられたからでありましょう。すなわち、これら超世の偉人から見れば、まことの真理とは、結局、その人自身が、いわゆる「黙識心通」によって、深くわが心に会得して、切実にわが身に履《ふ》み行う他ないものだということを、徹見していられたからでしょう。

さてこのような意味において、わたくしが「宇宙の大法」と呼ぶものの一例を申してみますと、それには原子爆弾というものが、もっとも明白、かつ端的な実例かと思うのであります。という意味は、もともと原爆というものは、最強力な武器を作り出そうとした果てに、ついに生まれたわけですが、しかもかくして到達したものは、もはや武器としては使用できないという、深刻にしてかつ皮肉な運命をもった「超武器」となったのであります。すなわち武器がその極限において、自らを否定する運命に立ち到ったわけであります。この様に、すべて物事というものは、その極限に達しますと、最初われわれの意図したものとは違って、むしろその反対物に転化するのでありまして、これはひとり原子爆弾のみに限らず、この現実界においては、さまざまな形態をとって出現し、かつ実証せられる真理なのであります。

同時に、このような真理は、これをさらに一般化して申せば、かの「物盛んなれば必ず衰う」というのも、かかる「宇宙の大法」の一顕現といってよいでしょう。そしてこの真理は、古来ローマの繁栄と没落とを以って、その典型と考えられるのが普通であります。当時ローマの繁栄のさ中に生きていた人びとには、それが何時の日にか衰える日があろうなどと、果たして何人が考えたことでしょう。しかるに、この「物盛んなれば必ず衰う」という「宇宙の大法」は、この地上では、かつて一度といえども例外のあったためしがないのであります。試みにこれをわが国の歴史の上に見ましても、豊太閤の全盛だったころに、何人があのような悲惨な末路を洞見しえたでしょうか。さらにまた、家康によって創始せられたあの徳川幕府の組織というものは、ある意味では、これまで人智によって構想せられたあらゆる政治形態の中で、もっとも周到綿密なものだといえましょうが、しかしそれさえ、何時かは崩壊の期が来るのが避けられなかったのであります。あるいはさらに、戦前わが国の軍閥が横暴を極めていた当時、何人がかくもあえなく崩壊する時があろうと考えたでしょうか。

だが、わたくしたちは、もはやこれ以上その例証を挙げる必要はないでしょう。否、今やその煩《はん》に堪えないのであります。してみますと、現在この地上において、その経済的または軍事的実力において、世界にその覇を唱えている国々とても、必ずしもその永続を保ち得ないことは、上に述べたもろもろの実例によって、十二分にこれを予測し、予断することができるのであります。例えばアメリカのベトナム戦争のごときも、最近の世界史上における顕著な一例といってよいでしょう。だが、これは必ずしもひとりアメリカのみでないことを知らねばなるまいと思います。何となれば、この「宇宙の大法」には、かつて例外というもののあったためしはないからであります。

次に、わたくしの思いますのは、この現実界にあっては、「すべて物事は一長一短」だということでありまして、これもまた「宇宙の大法」の一面かと考えるのであります。この点について、最も深刻に想い浮かべられるのは、ここ数年来のわが国の物質的繁栄でありまして、なるほどその面だけをとり上げて見れば、たしかに、すべてが便利になって有難いことであります。しかしながら、ひとたびそうした表面的繁栄の外皮をはいで見たら、そこに露呈せられるものは、如何なるものというべきでしょうか。それは端的にいえば、精神の弛緩と頽廃の他ないといえましょう。すなわちわれわれ人間は、物的繁栄の唯中におかれますと、とかく心は弛みがちになり易いのでありまして、いわゆる「両方良いことはない」のであります。

ちょっと皮相的に考えますと、物が豊富になれば、心もまた豊かになりそうですが、この人間界においては、中々そううまくは問屋がおろさないのであります。現に先ほども申したトインビーの「未来を生きる」という書物の中には、「人間は、物質的にゆとりができるようになると、老人を粗末にするようになる」と書かれていますが、これなども、ちょっと考えると、まことに意外な感がいたしますが、しかし静かに深省してみますと、やはりトインビーのいう通りだと思うのであります。そしてこれなども、結局「人は物質的に繁栄すると、人間の心はゆるむ」ということの、一つの現われと見てよいかと思われます。それどころか、わたくしが最初に挙げた「物盛んなれば必ず衰う」という真理と、今申した「人間は物が豊かになると心は弛む」ということの間には、実に深い関連があるのでありまして、むしろその根は一つだといってよいでしょう。すなわち「物盛んなれば必ず衰う」とは、物的繁栄によって人心の弛緩が招来せられるが故だということでしょう。

さらにこのような「宇宙の大法」の、最近における最も顕著な一例として、いわゆる「公害問題」を考えたいのであります。すなわち「公害」というものは、機械的生産力の上昇に対して、いわば「天」の課した重税ともいうべきものだといえましょう。同時に、これによっても、この宇宙間のすべての物事は、単なるプラスのみというわけにはゆかず、必ずやそこには、マイナス面が付いて廻るのであります。随って、プラスすなわち機械的生産が盛んになればなるほど、それとは正逆に、公害というマイナス面もまた大きくなるのであります。そして、しいて公害を抑制する方法を講じようとしますと、今度はそのために費用がかさむか、でなければ生産額が逓減《ていげん》するか、その何れかを免れないのでありまして、結局は生産費のコスト高ということになるのがおちというわけで、こうした処にもわれわれは、「宇宙の大法」の厳として行なわれていることを痛感せしめられるのであります。

さて以上によって皆さん方も、わたくしが「宇宙の大法」という名によって呼んでいるものが、一たい如何なるものかということの、あらましは分かって戴けたかと思うのであります。そしてそれは、わたくしの考えによれば、この大宇宙というものは、いわば無限大の「動的バランス」とも考えられるのでありまして、それは大にしては、もろもろの天体の運行から、これを小にしては、われわれ人間の一呼一吸、さらには眼の開閉に至るまで、すべては「宇宙の大法」ともいうべき、この「動的平衡」の大《たい》用《ゆう》ならぬはないわけであります。

ところが、大宇宙に対して、このような見方、考え方をして来たのは、他ならぬ漢民族でありまして、それを一個の世界観として構成したものが、いわゆる「易経」と呼ばれる中国の古典の一つでありまして、そこに含蓄せられている世界観人生観は、もしそれを皆さん方にも分かるように説くとしたら、結局、以上申して来たように「動的平衡論」ともいうべきものでありまして、すなわちこの宇宙間の万象は、すべてこれ陰（マイナス）と陽（プラス）との動的バランスによって成立していると考えるのであります。

では何故わたくしが、このつたない講話の最後を、かような話によって結ぶかと申しますと、以上この「講話」の最初から、今日までお話してきた事柄は、ある意味ではそのすべてが、直接間接に、この「宇宙の大法」を中心としつつ、それをめぐってお話して来たといってもよいからであります。随って皆さん方としても、この無限に流動的な世界情勢下にあっては、すべては刻々に変化して止まらぬわけですから、いたずらにわたくし如き者の申したコトバの末節に囚われないで、つねに「活眼」を開いて民族の歩みを、この転変して止まない国際情勢との関連において、大観して戴きたいと思うのであります。同時にこうした際に、なにか判断の基準というか、尺度になるものが必要だと考えられたら、その時こそ、この「宇宙の大法」という絶対の真理を、思い出して頂けたらと思うのであります。

では、永い間の聴講を深謝して、これを以ってお訣れといたしたいと思います。

あとがき

自著に「あとがき」をつけるということは、これまで一度としてした事のないわたくしであるが、この「幻の講話」については、一言「あとがき」をつける必要があるかと思うのである。それは一口にいえば「幻の講話」と名づけるこの一連の叢書は、わたくしにとっては、一種「宿命の書」とも言えそうだからである。

そもそも、この「幻の講話」の執筆を思い立ったのは、昭和四十三年の夏、「全集」が完成してまだ間もないころであるが、爾来わたくしはその構想を胸に秘めつつ、やがて翌昭和四十四年の夏休みには、一気呵成に下稿の前半を仕上げたのである。そしてその翌年の夏休みには後半の仕上げを予定していた処、夏休みに入るや間もなく、それまで永い歳月の間、入院生活を続けていた病妻の重態が告げられ、ついで八月下旬には、ついに不帰の客となったために、後半執筆の予定も、ついに中断のやむなきに到ったわけで、これわたくしがこの叢書を「宿命の書」と考えるようになった最初の出来事である。かくして後半の執筆は、その又翌年（昭和四十六年）の夏休みまで持ち越すことになったが、とにかく全五巻の下稿だけは、同年の夏休みの終りに、一応の完成を見たのである。

そこで当時の考えでは、少なくとも、その翌年、即ち昭和四十七年の夏休みには、それらの修訂を了えて、遅くも晩秋の候には、第一巻を刊行するつもりだったのである。しかるに修訂を予定していたその年の七月に入るや、長男の事業の蹉跌《さてつ》が明らかとなり、その間一カ月余り、羽衣なる寺田清一氏の別邸にご厄介になったが、とうてい原稿の手入れどころではなく、ついで八月末には、ついに長男の急逝に逢ったのであって、これわたくしがこの「幻の講話」を「宿命の書」と考えるようになった第二の出来事である。

このように、全く夢想だもしなかった長男の「死」により、わたくし自身の身上にも、また重大な変化が生じたのであって、それは同年十一月三日の「文化の日」を期し、わたくし自身も尼崎市の一角の「西立花町」の片隅に身を寄せ、「独居自炊」の生活に入ったのである。けだし昔なら世の無常を観じたものは山林に隠遁したが、現代のような時代では、むしろそれとは正逆の方向に身を投ずる方がまだしもと考えたが故である。かくしてこのような身辺の激変のために、この「幻の講話」は瞬時といえどもわたくしの念頭から離れなかったにも拘らず、とうてい修訂どころの騒ぎでは無くなったのであり、これわたくしがこの叢書をもって、「宿命の書」と考える様になった第三の出来事である。

しかしながら、何時までもかくてあるべきでもない事とて、そのような激変の底から起ち上がり、渾身の勇を振り絞って、同年の冬休みを第一巻の補訂に当てていたのであるが、身辺の激変はついにそれをも不可能とし、それに続く第三学期も、またほとんど寧日なく諸種の行事が相次いだため、ついに春休みに入って、ようやく着手の搬びとなったのであり、完成を見たのは、すでに新学年も始まった四月中旬になってからのことである。

今や回顧してみるに、この「幻の講話」は、その最初の執筆から考えると、まさに足かけ五年の歳月をへて、ようやくその第一巻が陽の目を見るに到ったわけであって、このようなことは、永いわたくしの著述歴の上にも、未だかつて無かった事である。さらに顧みれば、わたくしはその永い生涯において、五巻一組の個人叢書を、四回までも公にすることになるわけで、この様なことは他にはほとんどその類例が見られぬようである。すなわち㈠「修身教授録」㈡「国と共に歩むもの」㈢「生を教育に求めて」及び今回の㈣「幻の講話」であるが、しかしこれら四種の個人叢書のうちその内容が、この「幻の講話」と最も近い類縁性を持っているのは、何といっても「修身教授録」であって、これら二種の叢書は、いずれも「われら如何に生きるべきか」という人生の根本問題を中心としながら、共に脚下の現実的実践という視点に立つ「啓発の書」という点では、深き共通性があるといえるであろう。

ただ「修身教授録」の成立は、周知のように戦前のことであり、またわたくし自身も、ようやく不惑の齢に達した前後のこととて、そこにはある種のうっ屈した情熱はあっても、いまだ円熟の境には遠く、これに反してこの「幻の講話」は、戦後1/4世紀を経過した現在の現実をふまえて成ったものではあるが、わたくし自身がすでに喜寿という頽齢《たいれい》に達していることを思えば、両者にはおのずから優劣互いにその趣きを異にするものがあるはずである。

さもあらばあれ、如上ある意味では「宿命の書」ともいうべきこの書も、今や夢想だもしなかった全国有縁の同志、並びにそのかみ天王寺師範で教えた人々の懇情の結晶たる莫大な額による「刊行寄金」に支えられて、着手いらい五年の歳月をへた今日、ようやくここに刊行の搬びに到ったことは、まったく「神天」の加護という他ない。宿命は、ひと度それが自覚せらるるや恩寵に転ずるとは、古来幾多の卓れた人々の言であるが、今やこの地上最深の真理が、つたないこの一連の叢書の上にも、その光被を開始したかの感が深く、今はただ首を垂れて謹んで神天の「声」に耳を傾けたいと思う次第である。

昭和四十八年四月

森　信三

本書は昭和四十八年八月二十日に社団法人 実践人の家から刊行された
『幻の講話』を新装したものです。

【著者略歴】

森 信三

明治29年9月23日、愛知県知多郡武豊町に端山家の三男として生誕。両親不縁にして、3歳の時、半田市岩滑町の森家に養子として入籍。半田小学校高等科を経て名古屋第一師範に入学。その後、小学校教師を経て、広島高等師範に入学。在学中、生涯の師・西晋一郎氏に出会う。後に京都大学哲学科に進学し、西田幾多郎先生の教えに学ぶ。大学院を経て、天王寺師範の専任教諭になり、師範本科生の修身科を担当。後に旧満州の建国大学教授として赴任。50歳で敗戦。九死に一生を得て翌年帰国。幾多の辛酸を経て、58歳で神戸大学教育学部教授に就任し、65歳まで務めた。70歳にしてかねて念願の『全集』25巻の出版刊行に着手。同時に神戸海星女子学院大学教授に迎えられる。77歳長男の急逝を機に、独居自炊の生活に入る。80歳にして『全一学』5部作の執筆に没頭。86歳の時脳血栓のため入院し、以後療養を続ける。89歳にして『続全集』8巻の完結。平成4年11月21日、97歳で逝去。「国民教育の師父」と謳われ、現在も多くの人々に感化を与え続けている（年齢は数え年）。著書に『修身教授録』『人生二度なし』『森信三一日一語』『森信三訓言集』『１０代のための人間学』『父親のための人間学』『家庭教育の心得２１』（いずれも致知出版社）など多数。

幻の講話
第五巻「新たなる人間の学を」

平成二十九年十二月二十五日第一刷発行
令和三年十一月三十日第二刷発行

著者 森 信三
発行者 藤尾 秀昭
発行所 致知出版社
〒150-0001 東京都渋谷区神宮前四の二十四の九
TEL（〇三）三七九六―二一一一
装幀 川上成夫
印刷・製本 中央精版印刷
落丁・乱丁はお取替え致します。 （検印廃止）
※分売不可

ISBN978-4-8009-1166-7 C0095
ホームページ https://www.chichi.co.jp
Eメール books@chichi.co.jp